Private Equity

Private Equity

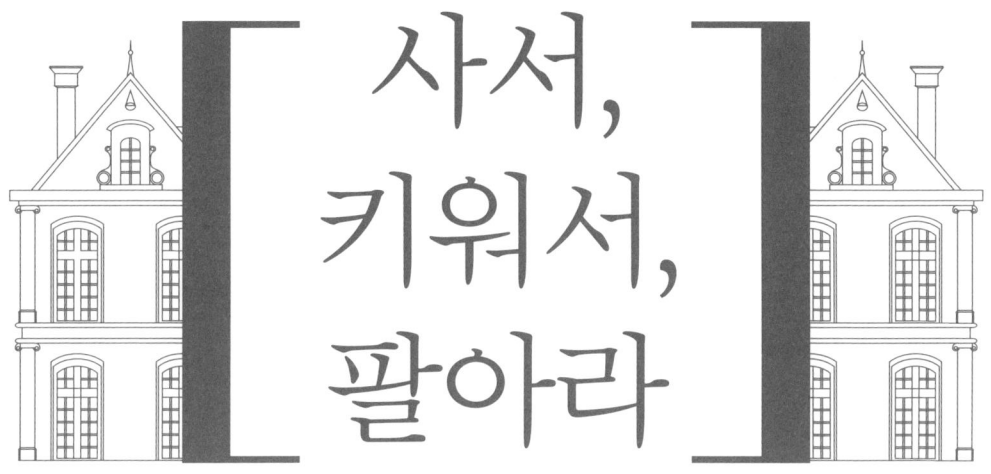

[사서, 키워서, 팔아라]

기업을 지배하는 자본, 사례로 읽는 그들의 투자

카카오택시, 아웃백, 코웨이… 우리가 소비하는 모든 것의 본질

윤민서 지음

머리말

어떻게 자금을 모으고,
어떻게 투자하며,
어떻게 돈을 버는가?

현대 사회의 기반인 자본주의에서, 이 시대의 핵심은 단연코 기업가^{Entrepreneur}와 투자자^{Investor}다. 그리고 기업을 사서, 키우고, 다시 팔아 수익을 창출하는 PE$^{Private\ Equity}$는 이 두 축이 결합된 형태로, 자본주의의 정점에 위치해 있다고 해도 과언이 아니다. 그러나 PE에 대한 공개 정보는 인수와 매각이라는 결과 중심의 표면적 서술에 머무르며, 그 이면에 자리한 전략과 사고 과정은 여전히 베일에 가려져 있다.

필자는 업에 대한 이해를 쌓기 위해 직접 현장을 경험하고자 했으나, 지난 1년 9개월간의 군 복무로 인해 실행에 옮기지 못했다. 대신 다른 방식으로 지식을 넓힐 방법을 고민하던 중, 국내 PE 산업이 한국 GDP의 7~8% 규모로 빠르게 성장하고 있으며, 이들이

상장 주식시장에서도 활발히 활동하고, 많은 기업을 인수하며 일반 대중과의 접점 또한 점점 늘어나고 있다는 사실에 주목하게 되었다.

필자는 이러한 흐름에도 불구하고 관련 정보가 여전히 제한적이라는 점에서 정보의 수요와 공급 사이에 불균형이 발생하고 있다고 판단했다. 이에 따라 PE의 전략과 사고 과정을 체계적으로 정리해 보고자 마음먹었고, 그 결과물이 바로 지금 이 머리말로 이어지게 되었다.

정보가 제한적인 업계를 대학생이 설명한다는 점에서, 신뢰가 쉽게 생기지 않을 수 있다. 그러나 이렇게 생각해보면 어떨까. 당신이 인턴 한 명을 채용해 2시간 동안 PE에 대한 리서치를 의뢰했다고 말이다. AI를 동원한다 해도, 2시간이 아니라 200시간을 들인다 해도 이 책처럼 다루기는 어려울 것이라 자신한다.

본서에는 수천 개의 기사와 인터뷰, 수백 개의 보고서, 수십 명의 현직자와 나눈 대화, 그리고 필자의 2년에 걸친 치열한 고민이 집약되어 있다. 동시에, 업계 외부에서 바라본 객관적이고 신선한 시선, 그리고 그로부터 나온 과감한 문제의식도 함께 담겨 있다.

이 책이 사모펀드에 단순한 호기심을 가진 이들이나 대학생들에게는 훌륭한 입문서가 되기를, 이미 업계를 잘 알고 있는 이들에게는 외부인의 새로운 시각을 접하는 기회가 되기를 바란다. 그러나 당신이 누구든 한 가지는 확신할 수 있다. 책을 덮을 즈음이면, PE의 행동을 단순한 사실 너머에서 해석할 수 있는 안목이 생겨 있을 것이다.

본서는 크게 두 파트로 구성되어 있다. 1부에서는 PE의 기본 개념과 주요 투자 전략을 설명하고, 2부에서는 필자의 시각으로 국내 PE가 걸어온 길, 걷고 있는 길, 그리고 앞으로 걸어갈 길을 조망한다. 총 24개의 사례를 함께 다루며, 모든 사례는 설명에 부합하는 최근 사례들로 선별하였다.

PE의 각 투자 건에 대해 공개된 자료는 대부분 기사와 소수의 인터뷰에 한정되기 때문에, 본서 역시 공개된 정보의 범위 내에서 분석을 수행하였다. 내용의 이해에는 큰 지장이 없으나, 일부 수치나 세부사항에는 약간의 차이가 있을 수 있음을 너그러이 양해해 주시기 바란다.

또한 이 책은 2025년 7월까지의 자료를 기준으로 작성되었으며, 일부 현재 진행 중인 사례의 경우 이후 상황이 달라졌을 수 있다는 점도 미리 밝힌다.

이 책이 PE를 바라보는 시야를 넓히는 작은 계기가 되길 바라며, 앞으로의 여정에도 끊임없는 배움과 성찰이 함께하길 소망한다.

추천사

과거 적극적으로 수업에 참여해서 좋은 기억이 남아있던 제자가, 시간이 흐른 어느 날 내 앞에 다시 나타났다. 제자가 훌륭히 성장한 모습을 보는 것은 기쁜 일이다. 제자는 오랜 시간동안 공들여 준비한 원고를 가져왔다. 한국의 금융시장의 큰 손이며 메기 역할을 하고 있는 사모펀드에 대한 모든 것을 정리하고 소개하는 내용이다. 원고에 포함된 엄청난 분량의 사례들을 모아 정리하는데 많은 시간과 노력을 들였을 것이 틀림없다. 단순히 용어나 사건을 정리하여 소개하는데 그치지 않고 성공과 실패의 원인을 나름대로 분석한 부분을 읽으면서 저자의 통찰력에 깜짝 놀라기도 했다. 자본시장과 투자 분야에서 일하는 사람들에게 일독을 권한다.

최종학
서울대학교 경영대학 교수

차례

머리말 04
추천사 07

제1부　PE의 투자 전략

제1장
Private Equity

경영참여형 사모펀드(PEF)	20
비즈니스모델 1) 관리보수	24
비즈니스모델 2) 성과보수	26
비즈니스모델 3) PQC (Price, Quantity, Cost)	29
PE의 투자 프로세스	32

제2장

그로쓰 투자

그로쓰 투자 전략 1) 메자닌(Mezzanine)	44
사례 분석 ①: 메자닌 전문 PE	45
사례 분석 ②: 메자닌의 하방 보장	50
그로쓰 투자 전략 2) 주주간계약(SHA)	53
사례 분석 ③: IPO를 고집해야만 했던 이유	58
사례 분석 ④: 드래그얼롱으로 인한 경영권 상실	61
사례 분석 ⑤: 낙동강 오리알 방지 방안, 태그얼롱	66
그로쓰 투자에서의 경영참여	68

제3장

그로쓰 투자 유의사항

사례 분석 ①: 생각과는 다른 드래그얼롱	74
사례 분석 ②: K-GAAP vs K-IFRS	77
사례 분석 ③: GMV, 정의가 문제다	81

제4장

바이아웃 - 기업가치 제고

기업가치를 올리다?	91
기업가치 제고 전략 1) 인력 투입 및 이해관계 일치	96
사례 분석 ①: 네트워크에 기반한 인력 투입	98
사례 분석 ②: 구성원의 이해관계 일치	101
기업가치 제고 전략 2) 비효율성 제거	105
사례 분석 ③: 덜어내기의 미학	107
기업가치 제고 전략 3) 볼트온	110
사례 분석 ④: 뭉치면 살고, 흩어지면 죽는다	113
기업가치 제고 전략 4) 수익 구조 전환	116
사례 분석 ⑤: 판매에서 렌탈로, QoE 개선	119
사례 분석 ⑥: 본사도 포기한 프랜차이즈를 살린 PE	121
기업가치 제고 전략 5) 자금 투입	127
사례 분석 ⑦: 자금력에 기반한 과감한 베팅	128

제5장

바이아웃 - 재무구조 설계

재무구조 설계 전략 1) 차입매수(LBO)	136
재무구조 설계 전략 1) 리파이낸싱Refinancing & 리캡(Recapitalization)	144

사례 분석 ①: LBO의 정석 148
사례 분석 ②: 기업가치 제고에 기반한 리캡 152
사례 분석 ③: 실패도 극대화하는 LBO 154

제2부 PE의 과거, 현재, 미래

제6장

국내 PE의 현위치

산업 내 경쟁 166
최근 동향 171
기업샤냥꾼보다는 수익사냥꾼 176

제7장

국내 PE의 현위치

코리아 디스카운트 186
미국의 주주 자본주의 191
사례 분석 ①: 적대적 M&A의 백기사 196
PE의 역할 200
사례 분석 ②: 경영권 분쟁의 우군 202
자본시장의 메기 212

제8장

다가올 미래에 대한 공부, 그리고 대비

일본 매크로 톺아보기(1980-2000)	220
일본의 사업구조 재편과 구조조정	224
한국 매크로 톺아보기(현재)	228
한국의 사업구조 재편과 구조조정	231
사례 분석 ①: 대기업 리밸런싱에서의 기회	233
사례 분석 ②: 떨어진 칼날 싸게 사기	238
저출산과 고령화에서의 시사점	246
사례 분석 ③: 미리 대비하는 그들	249

제9장

K-화장품에 부는 새로운 바람

과거 성공 공식	256
현재 성공 공식	259
PE의 화장품 브랜드사 투자	266
사례 분석: 충성 고객을 잡아라	268
PE의 ODM사 투자	273

맺으며 276

Private Equity:

제1부

PE의 투자 전략

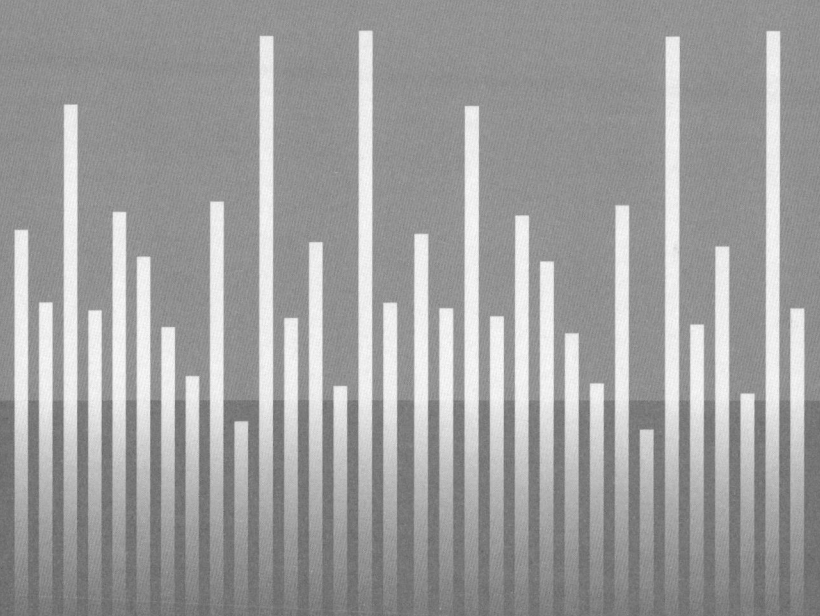

제1장

Private Equity

경영참여형 사모펀드(PEF)

비즈니스모델 1) 관리보수

비즈니스모델 2) 성과보수

비즈니스모델 3) PQC (Price, Quantity, Cost)

PE의 투자 프로세스

01

Private Equity

경제 발전에 따라 금융산업도 함께 고도화되면서, 사모펀드는 점점 더 우리 일상 깊숙이 스며들고 있다. 할리스커피, 버거킹코리아, 아웃백스테이크하우스, 공차, BHC 등 우리가 매일 소비하는 브랜드들의 배경에도 사모펀드가 자리하고 있는 경우가 많다. 이처럼 우리는 실생활 속에서 사모펀드를 마주치기도 하고, 때로는 언론 보도를 통해 예상치 못한 방식으로 접하기도 한다.

2019년 발생한 라임자산운용 사태를 기억하는가? 부정한 수익률 관리와 편법적인 전환사채 거래가 드러나며 대규모 환매 중단 사태로 이어졌고, 결국 단군 이래 최대의 금융사기 사건으로 기록된 사건이다. 한편, 최근에는 MBK파트너스가 인수한 홈플러스가 기업회생 절차에 돌입하며 또다시 사모펀드가 언론의 도마에 올랐다.

이처럼 '사모펀드'라는 단어는 다양한 사건의 중심에 있지만, 두 사건을 단순히 동일선상에 놓고 바라보는 시각에는 주의가 필요하다. 라임자산운용과 MBK파트너스는 모두 투자회사라는 공통점이 있지만, 전자는 **헤지펀드**^{Hedge Fund} 운용사이고 후자는 **PEF**^{Private Equity Fund} 운용사다. 성격도, 구조도, 투자 목적도 근본적으로 다르다.

1장은 이처럼 대중이 혼동하기 쉬운 사모펀드의 구조에 대해 체계적으로 설명하고자 한다. 사모펀드, 그 중에서도 PEF는 어떻게 자금을 모으고, 어떻게 투자하며, 어떻게 돈을 버는가? 이 구조를 정확히 이해해야만 그들의 전략을 보다 깊이 있게 파악할 수 있을 것이다.

경영참여형 사모펀드(PEF)

사모펀드는 '사모'라는 모집 방식에 초점을 맞춘 펀드로, 소수의 특정 투자자를 대상으로 구성된 모든 펀드를 통칭한다. 이 범주 안에는 헤지펀드와 PEF(Private Equity Fund, 경영참여형 사모펀드)도 포함되며, 둘은 사모펀드의 하위 분류로 구분된다.

헤지펀드와 PEF의 가장 큰 차이는 투자 목적과 투자 대상에 있다. 물론 두 펀드 모두 수익 창출이라는 공통된 목표를 추구하지만, 접근 방식에는 뚜렷한 차이가 존재한다. 헤지펀드는 주식은 물론 원자재, 부동산 등 수익을 낼 수 있는 다양한 자산에 투자하며, 시장의 변동성을 활용해 단기적이고 유동적인 운용 전략을 구사한다. 반면, PEF는 주로 비상장 기업을 통째로 인수하거나 기업에 영향력을 미칠 수 있는 수준의 지분에 투자하며, 유동성이 낮은 자산을 중심으로 짧게는 2년, 길게는 10년에 이르는 중·장기적 투자 전략을 추구한다.

과거에는 사모펀드를 투자 방식에 따라 '전문투자형 사모펀드'와 '경영참여형 사모펀드'로 구분했다. 이 중 헤지펀드는 전문투자형에, PEF는 경영참여형에 속했다. 전문투자형 사모펀드는 기업의 지분을 10% 이상 취득하더라도 10% 이상의 의결권을 행사할 수 없었고, 경영참여형 사모펀드는 반드시 지분을 10% 이상 취득해야만 했다. 경영참여 여부라는 명확한 기준에 따라 펀드의 성격이 명확히 나뉘었던 것이다.

그러던 중 2021년 10월 일반투자자 보호 강화, 글로벌 스탠다드 적용 목적으로 인한 제도 변경으로 전문투자형 사모펀드는 '일반 사모펀드'로, 경영참여형 사모펀드는 '기관전용 사모펀드'로 변경되었고, 헤지펀드와 PEF 사이 투자목적과 투자처에 대한 장벽이 허물어졌다. 이제 헤지펀드도 경영참여를 목적으로 기업에 10% 이상의 의결권을 행사할 수 있으며, PEF 역시 주식 외의 다양한 자산에 투자할 수 있다.

사모펀드 제도변화				
	[2021년 10월 이전]		[2021년 10월 이후]	
	전문투자형 사모펀드 (헤지펀드·일반사모펀드)	경영참여형 사모펀드 (PEF)	일반 사모펀드	기관전용 사모펀드
운용 주체	전문사모운용사 (금융투자업자)	업무진행사원(GP) (非금융투자업자)	일반사모운용사 (금융투자업자)	업무진행사원(GP) (非금융투자업자)
운용 목적	경영참여 목적 X	경영참여 목적 O	모두 가능	
투자 목적	해당 없음	출자금 50% 이상 2년 내 경영참여목적 투자	투자목적 제한 폐지	
투자자 범위	① 전문투자자 ② 3억원* 이상 투자하는 일반투자자 * 레버리지 200% 초과시 5억원		현행 유지	기관투자자 및 이에 준하는 자* * 금융기관, 특수법인, 연기금, 일정 요건 갖춘 주권상장법인 등
차입	400% 이내	10% 이내 (SPC는 30% 이내)	400% 이내	
대출	가능 (개인대출 금지)	불가능	가능 (개인대출 금지)	
의결권 제한	10% 초과 주식보유분 의결권 행사 제한	해당 없음	의결권 제한 폐지	
지분 취득	해당 없음	의결권 있는 주식 10% 이상 취득	지분취득 의무 폐지	
보유	해당 없음	6개월 이상 보유	지분취득 의무 폐지	

출처: 금융위원회

    물론, 이는 제도상의 용어 해석에 따른 구분이며, 실제로 '헤지펀드'와 'PEF'라는 용어는 통상적으로 여전히 과거 기준에 따라 사용된다. 따라서 '사모펀드'라는 표현만으로는 다소 모호한 측면이 있다. 본서에서 다루고자 하는 '사모펀드'는 기업을 인수하거나, 기업에 유의미한 영향력을 행사할 수 있을 정도의 자본을 투자하는 펀드, 즉 PEF(Private Equity Fund)를 의미한다. 이에 따라 이후 서술에서는 혼동을 피하기 위해 영어 약칭인 'PEF'를 사용한다.

    PE$^{Private\ Equity}$는 PEF(Private Equity Fund) 운용사, Private Equity Firm의 의미로 사용된다. PEF는 합자회사의 형태를 띠

는데, 합자회사란 GP$^{General\ Partners}$, 무한책임사원이 경영하는 사업에 LP$^{Limited\ Partners}$, 유한책임사원이 자본을 출자하고 사업으로 인해 생기는 이익의 분배에 참여하는 회사를 말한다. 대부분의 지분은 LP가 소유하고 의사결정은 GP가 내리는, 주주(LP)가 전문경영인(GP)을 고용한 형태라고 봐도 무방하다. 여기서 PEF의 경우, PE가 PEF를 운용하는 GP에 해당하는 것이다.

예를 들어 '사모펀드'를 검색하면 나오는 MBK파트너스, 한앤컴퍼니, 스틱인베스트먼트 등이 GP에 속하고 연기금, 공제회, 금융기관 등 대규모 자금을 운용하는 기관투자자가 LP에 속한다. 3억원 이상 투자하는 일반투자자도 투자가 가능했던 경영참여형 사모펀드와 달리 이제 기관투자자만이 기관전용 사모펀드에 투자할 수 있기에 원칙적으로 LP는 기관투자자로 한정된다.

GP, LP, PEF의 관계를 도식화하면 다음 도식으로 정리할 수 있으며, 그림처럼 세무 및 법률적 편의성을 확보하기 위해 PEF와 피투자사 사이 SPC$^{Special\ Purposed\ Company}$, 특수목적법인을 두기도 한다.

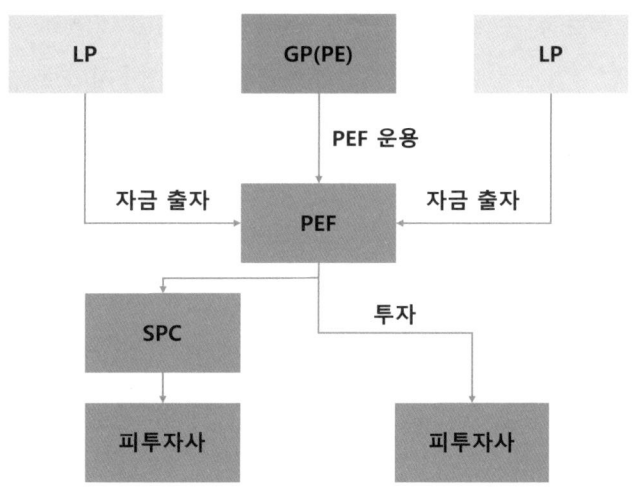

비즈니스모델 1) 관리보수

관리보수는 PE가 PEF를 관리하는 명목으로 LP로부터 수취하는 보수다. 펀드마다 다르겠지만 일반적으로 미국은 관리보수가 2%, 한국은 0.5~2% 수준으로 알려져 있다. (다만 '사모'라는 성격상 LP와의 계약 조건은 외부에 공개되지 않기 때문에, 개별 펀드의 보수율을 명확히 알기는 어렵다.) 관리보수는 투자 성과와 무관하게 매년 일정 금액이 지급되는 구조이므로, PE에게는 안정적인 수익원이 된다.

이때 계약 조건에 따라 **약정액** 기준으로 관리보수를 산정할 수도 있고, **투자액** 기준으로 관리보수를 산정할 수도 있다. 약정액은 PEF의 규모를 의미하고, 투자액은 그중 실제로 투자를 집행한 금액을 의미한다. 여기서 **캐피탈콜**$^{Capital\ call}$이라는 개념이 등장하는데,

약정액이 100인 PEF를 결성했다고 하더라도 LP가 바로 100을 출자하지는 않는다. PE가 투자를 집행하기 위해 자금이 필요할 때 비로소 약정한 대로 LP로부터 돈을 받아오게 되는데, 이를 캐피탈콜이라고 한다.

  PE는 PEF를 결성할 때 LP와 계약을 통해 펀드의 만기를 설정한다. 일반적으로 만기는 10년으로 설정되는데, 초기 5년 동안은 투자를 집행하고, 이후 5년 동안은 포트폴리오를 매각하여 자금을 회수하게 된다. (이는 블라인드펀드에 해당하며, 블라인드펀드와 프로젝트펀드의 차이는 이후에 다룰 예정이다.) 이처럼 약정액 만큼의 투자를 한 번에 집행하지 않기에 LP 입장에서는 다른 투자처에 투자하다가 캐피탈콜로 출자하는 구조가 보다 합리적이다.

  예를 들어, 한 PE가 약정액이 100, 관리보수율이 2%인 PEF를 결성해 매년 20씩 5년간 투자를 집행했다고 하자. 약정액이 100이기에 약정액 기준으로 관리보수를 산정하면 매년 2, 총 10을 수취하게 된다. 그런데 투자액 기준으로 관리보수를 산정하면, 투자액이 20 → 40 → 60 → 80 → 100이기에 관리보수 또한 0.4 → 0.8 → 1.2 → 1.6 → 2로 점진적으로 증가해 총 6을 수취하게 된다.

  관리보수가 초기에는 약정액 기준, 일정 연차 뒤에는 투자액 기준으로 산정되는 경우도 있다. 대표적으로 산업은행은 2018년부터 이런 출자 방식을 도입했는데, 이전까지는 미투자액과 투자액을 나누어 각기 다른 보수율을 적용하는 방식이었다. 캐피탈콜, 산업은행의 출자 방식 모두 투자처 없이 쉬는 자금을 최대한 줄이고자 하는 LP들의 의지라고 볼 수 있다.

참고로 약정액 중 아직 투자를 집행하지 않은 자금을 **드라이파우더**$^{Dry\ powder}$라고 부른다. 드라이파우더는 LP가 해당 PEF에 출자하기로 약정한 자금이기에 PE는 이를 활용해 새로운 투자건을 검토하거나 기존 포트폴리오를 관리할 수 있다. 드라이파우더가 많다는 것은 새로운 기회를 찾아볼 기회가 있다는 뜻이기도 하지만, 그만큼 투자가 원활하게 이뤄지지 않고 있다는 뜻이기도 하다.

비즈니스모델 2) 성과보수

그러나 PE의 수익원으로 관리보수가 유일하다면 PE의 인센티브, 높은 수익률을 달성할 유인이 떨어지게 된다. 이러한 문제를 보완하고 LP와 GP의 이해관계를 일치시키기 위해 **성과보수**가 존재하는데, 통상 7~8% 수준인 **기준수익률**$^{Hurdle\ rate}$을 넘어가는 초과 이익에 대해 GP가 20% 정도를 수취한다. 성과보수는 회수할 때 발생하는 수익이기 때문에 안정적인 관리보수와 달리 시기별로, 펀드별로 천차만별이다.

각 200억 원 규모의 PEF 5개를 운용하고 있는 PE가 모든 투자를 1년차 초에 집행하였고 3년말부터 7년말까지 매년 하나씩 순차적으로 청산한다고 가정하자. 관리보수는 투자액의 2%, 기준수익률은 8%, 성과보수는 초과 이익의 20%로 설정된 조건이다.

관리보수 & 성과보수 예시								
단위: 십억원	3년차	4년차	5년차	6년차	7년차	8년차	9년차	10년차
투자액	100.0	87.5	75.0	62.5	50.0	37.5	25.0	12.5
IRR	30%	30%	15%	5%	0%	5%	20%	20%
회수액	27.5	35.7	25.1	16.8	12.5	18.5	64.5	77.4
IRR 8% 기준 회수	15.7	17.0	18.4	19.8	21.4	23.1	25.0	27.0
관리보수	2.0	1.8	1.5	1.3	1.0	0.8	0.5	0.3
성과보수	2.3	3.7	1.4	0.0	0.0	0.0	7.9	10.1
수익	4.3	5.5	2.9	1.3	1.0	0.8	8.4	10.3

표에서 확인할 수 있듯이 관리보수는 예측 가능성이 높고 안정적인 반면, 성과보수는 해당 펀드의 IRR에 따라 등락이 심하다.

여기서 잠시 IRR 개념을 짚고 넘어가자. IRR$^{\text{Internal Rate of Return, 내부수익률}}$은 투자액과 회수액의 현재가치를 일치하게 하는 이자율, 투자기간 동안 총 현금흐름의 현재가치를 0으로 만드는 이자율이다. 이를 이자율이 아니라 수익률이라는 개념에서 접근해보면 연환산 수익률이라고도 할 수 있다. 부채에 이자비용(타인자본비용)이 있는 것처럼 자본에도 자기자본비용이 있는데, 모든 투자는 절대적인 금액이 아닌, 자본비용 대비 얼마나 수익을 냈는지, 즉 초과수익률이 중요하기 때문에 IRR은 펀드의 성과를 나타내는 가장 일반적인 지표로 사용된다.

IRR을 결정하는 요인은 MOIC와 투자기간이다. MOIC$^{\text{Multiple On Invested Capital}}$는 투자액 대비 몇배를 회수했는지 나태내는 지표로, MOIC가 높더라도 투자기간이 길면 IRR은 낮아지고, 반대로

MOIC가 낮더라도 투자기간이 짧으면 IRR은 높아진다. 예를 들어, 100을 투자하여 1년뒤 200을 회수한 경우(MOIC 2배, IRR 100%)와 2년뒤 200(MOIC 2배, IRR 41%)를 비교하면 이해하기 쉽다.

해외에 비해 국내 PEF의 역사가 짧고 공개된 정보가 적어 정확하고 일관된 자료는 없지만, 자본시장연구원이 「국내 PEF의 가치 제고와 투자성과 분석: 제도 도입 20년의 평가」를 통해 국내 PEF의 IRR 평균이 25% 이상이라는 연구 결과를 발표한 바 있다. 일반적으로 PE의 투자 실패는 장기투자로 이어진다는 점(흔히 '물렸다'라고 표현한다), 그리고 연구는 회수된 투자에 대한 계산 결과라는 점을 고려하면 실제 수치는 이보다 낮을 것으로 예상된다.

그럼에도 불구하고 IRR이 12.5% 수준만 되더라도(투자기간 5년 가정) 해당 연도에는 성과보수가 관리보수의 3배를 뛰어넘는다. 따라서 한 PEF로부터 창출되는 수익만 고려하면 펀드를 청산하는 해에는 성과보수가 실적을 좌우하게 된다. 물론 다수의 PEF를 운용하며 성장하는 PE는 점점 큰 규모의 PEF를 결성하게 되고, 이에 따라 새로운 PEF의 관리보수 역시 이전보다 증가하게 된다. 또한 웬만큼 대형사가 아니면 약정액이 큰 펀드를 매년 청산하는 것은 현실적으로 어렵다. 따라서 일정한 사이클은 존재하겠지만, PE 전체의 수익을 고려하면 평소에는 관리보수가 안정적인 수익원으로서 중요한 역할을 하게 된다.

관리보수 외에 성과보수가 존재하는 이유는, LP와 GP의 이해관계를 일치시키고, GP의 인센티브를 높이는 데에 도움을 주기 위해서다. 이외에도 흔히 사용되는 구조에는 **GP 출자약정**^{GP commitment}이 있다. 이는 LP가 PE도 PEF에 일정 비율로 자기자본을 출자하게 하여 위험과 수익을 공유하도록 하는 구조이다. 일반적으로 PE는 PEF 규모의 1~3% 수준으로 자기 자본을 출자한다.

PE에게 LP는 사업을 영위할 수 있도록 해주는 매우 중요한 존재이지만, 동시에 PE의 비즈니스는 그 자체가 PE에게 유리한 게임이다. 수익이 나면 LP와 나누지만, 손실이 나면 LP가 온전히 떠안기 때문이다. PEF에 출자하는 LP가 늘어나고 여러 사례가 쌓임에 따라, GP가 투자 수익을 창출하기 위해 더욱 책임감을 갖고 운용에 임하게끔 현재의 구조가 자리 잡게 되었다.

비즈니스모델 3) PQC (Price, Quantity, Cost)

모든 비즈니스모델은 PQC로 분석해야 한다. 일단 관리보수의 P는 관리보수율이고 Q는 PEF의 규모이다. 그리고 성과보수의 P는 성과보수율, Q는 PE가 창출한 초과이익의 규모를 의미한다. 이때 수익을 증대하기 위해 P를 높이려면 서비스의 퀄리티를 개선해야 하고, Q를 늘리려면 P를 낮추거나 역시 서비스의 퀄리티를 개선해야 한다.

하지만 P를 낮추기는 쉽지 않다. 주요 연기금 및 공제회, 산업은행 등 LP들은 출자할 PE를 선정하면서 보수율을 미리 정해놓기 때문이다. 이들이 출자사업을 진행하면서 그동안의 IRR이나

AUM^(Asset Under Management, 자산 운용 규모), 투자 계획 등을 고려한다는 말은 들어봤어도 보수율이 저렴한 곳에 출자하겠다고 하는 경우는 없다. 이런 이유로 P를 높이기 또한 쉽지 않다.

따라서 PE가 Q를 늘리기 위해서는 서비스의 퀄리티를 높여야 한다. 관리보수 측면(PEF의 규모)에서는 LP가 돈을 믿고 맡길 수 있어야 하므로, 운용 인력, 과거 IRR, AUM 등이 중요한 요소가 될 것이고, 성과보수 측면(초과이익의 규모)에서는 해당 PEF의 규모와 IRR이 중요한 요소가 될 것이다.

이처럼 두 측면 모두 PEF의 규모가 큰 영향을 미친다는 점을 알 수 있다. 그렇기에 PEF의 규모를 책임져주는 LP는 PE에게 절대적인 존재가 된다. 특히 트랙레코드^(Track record, 과거 투자성과)가 없는 신생PE의 경우 더욱 그렇다. LP가 GP에게 돈을 출자하는 행위는 '쏠쏠한 수익을 돌려줄 것이다'라는 높은 신뢰를 바탕으로 한다. 아무리 투자 능력이 아무리 뛰어나더라도, LP가 없으면 수익을 낼 수 없다.

이제 C는 국내 대형 PE인 스틱인베스트먼트와 IMM PE의 예시를 통해 알아보자.

	PE 비용구조			
	스틱인베스트먼트		IMM PE	
단위: 십억원	2022A	2023A	2022A	2023A
영업수익	48.8	78.4	40.3	62.8
영업비용	**40.9**	**51.1**	**29.6**	**50.6**
투자비용	10.4	4.4		
% of expense	25.6%	8.7%		
인건비	**21.9**	**35.4**	**21.1**	**41.2**
% of expense	53.7%	69.2%	71.2%	81.4%
지급수수료	3.6	6.2	4.3	4.9
% of expense	8.7%	12.1%	14.7%	9.7%
기타	4.9	5.1	4.2	4.5

출처: DART

공통적으로 보이는 부분은 인건비 비중이 굉장히 크다는 점이다. 스틱인베스트먼트의 경우 지분법손실과 금융자산 평가 및 처분 손실이 "투자비용"이라는 항목으로 영업비용에 포함되는데, 이를 제외하고 보면 영업비용 대비 인건비 비중은 IMM PE와 같이 약 7~80% 수준이 된다. 인건비가 전체 비용의 70% 이상을 차지한다는 것은, 해당 산업이 철저한 인력 비즈니스임을 의미한다.

또 하나 흥미로운 점은, 본래 어느정도는 고정비 성격을 띄는 인건비가 매출 증가와 함께, 혹은 그보다 더 크게 증가한다는 것이다. 그러나 공시를 보면 양사의 직원수에는 큰 변동이 없다. 즉, 성과급 비중이 커서 인건비가 변동비 성격을 가진다고 해석할 수 있다.

실제로 PE에게 가장 중요한 요소는 사람이다. 펀드를 결성할 때 LP에게 핵심 운용역, key person의 능력을 강조하기도 하고 LP가

계약 조건으로 핵심 운용역이 만기까지 남아 있기를 요구하기도 한다. 왜냐하면 PE의 비즈니스는 하나부터 열까지 사람이 직접 참여해야 하는 구조이기 때문이다. LP에게 출자를 받기 위한 세일즈도 사람이 하고, 투자와 운용도 사람이 하며, 매각과 자금 회수 역시 사람의 손을 거쳐야 한다.

인건비를 제외하면 지급수수료, 접대비, 감가상각비 등 고정비 성격을 보이는 항목이 대부분이다. 실제로 인건비의 증감과 영업비용의 증감이 거의 일치한다는 점에서 이를 확인할 수 있다.

PE의 투자 프로세스

PE는 하나의 PEF마다 '**펀드레이징(LP펀딩) - 투자집행 - 관리 - 엑싯(회수)**'의 과정을 거치게 된다. 언론을 통해 접하는 PE는 대부분 투자집행 후일 것이다. 그러나 PE는 사실 사업을 시작하는 단계, 펀드레이징 단계에서 가장 큰 어려움을 겪는다. 새로운 PEF를 결성한다는 것은, 만기가 있는 회사를 창업한다는 것과 같은 의미인데, 초기 스타트업이 투자를 받는 규모를 고려하면 매우 큰 금액이기 때문이다. 결국 자신들을 믿고 거액의 금액을 맡길 LP를 찾아야 한다.

독자분들이 누군가로부터 "사업을 위해 돈을 투자해달라"는 요청을 받았다고 가정해보자. 어떤 요소를 고려하겠는가? 여러 가지가 있겠지만, 대표적으로는 '경영자'와 '아이템'을 떠올릴 것이다. PEF에 출자하는 LP도 마찬가지다. 경영자, 즉 GP인 PE를 볼 수도 있고 아이템, PE가 투자하는 회사를 볼 수도 있다. 투자 받는 누군가도 과거 자신이 어떤 일을 해왔고, 이번에 하고자 하는 일은 어떤 미래를 꿈꾸고 있는지를 내세울 것이다.

이때 경영자를 내세우며 LP를 유치하는 PEF를 **블라인드펀드**$^{Blind\ Fund}$라 하고, 경영자와 아이템을 종합적으로 내세우며 LP를 유치하는 PEF를 **프로젝트펀드**$^{Project\ Fund}$라 한다. 즉, 블라인드펀드는 투자 대상을 정해두지 않고 자금을 먼저 유치한 후 투자를 집행하는 반면 프로젝트펀드는 투자 대상을 정해두고 자금을 유치함과 동시에 투자를 집행한다.

PE는 운용의 자율성이 큰 블라인드펀드를 선호하나, LP 입장에서는 PE의 과거 경력만 보고 투자하는 것인 만큼 과거 성과와 신뢰도에만 의존해야 하기 때문에, 블라인드펀드는 결성 자체가 쉽지 않다. 그렇기에 성공적인 트랙레코드가 많지 않은 PE의 경우 일반적으로 프로젝트펀드를 결성하게 된다.

프로젝트펀드를 결성할 때는 투자 대상을 미리 정해야 하므로, 앞서 언급한 펀드레이징부터 엑싯까지의 과정 전에 한단계가 추가된다. 바로 **딜소싱**$^{Deal\ Sourcing}$이다. (블라인드펀드의 경우 펀드레이징 다음 딜소싱과 함께 투자집행이 이루어진다.) 그냥 좋은 산업에 속한 좋은 기업, 그리고 좋은 가격을 찾으면 되는 것 아닐까? '딜소싱'이란 말을 쓰는 이유는 무엇일까?

주식투자(본서에서 '주식투자'는 일반적인 소수지분투자를 의미)와 가장 비교되는 PE의 투자의 특징은 거래 유동성이 매우 낮아 투자 대상을 찾는 단계부터 고초를 겪는다는 것이다. PE는 비상장 기업에 투자하거나, 상장된 기업에 투자하더라도 유의적인 영향력을 행사할 만큼의 지분을 취득하려 한다. 이 과정에서 매수자는 기업의 정보를 최대한 자세히 알기 위해 LDD$^{\text{Legal Due Diligence, 법률실사}}$, FDD$^{\text{Financial Due Diligence, 재무실사}}$, CDD$^{\text{Commercial Due Diligence, 사업실사}}$, TDD$^{\text{Tax Due Diligence, 세무실사}}$ 등 DD$^{\text{Due Diligence, 실사}}$를 하고(법률, 재무, 사업, 세무 등 다양한 측면에서 기업을 조사해 실제 기업의 가치를 평가하는 절차를 말함), 매도자는 높은 가격을 받기 위해 잠재적 매수자를 찾아다닌다. 매도자와 매수자가 일차적으로 정해지더라도, 서로 더 나은 조건으로 거래를 성사시키기 위해 만족할 때까지 협상을 진행한다. 이 일련의 과정만 6개월 이상 걸리기도 하고, 심지어 마지막 단계에서 거래가 무산되기도 한다.

이처럼 길고 복잡한 절차를 거치다 보니, 단순히 '투자한다'는 표현보다는 '거래 기회를 포착해 초기 협상을 통해 딜을 끌어온다'는 의미로 '딜소싱'이라는 용어를 사용하는 것이고, 딜소싱에 성공하는 것 자체가 하나의 성과로 여겨진다.

딜소싱에 성공한 PE는 PEF에 출자해줄 LP를 찾아다녀야 한다. 블라인드펀드를 결성하는 PE는 바로 이 단계부터 진행하게 된다. LP는 PQC에서 언급한 대로 운용 인력, 과거 IRR, AUM 등을 고려하여 출자할 PEF를 선정하고, 프로젝트펀드라면 여기서 추가로 투자대상의 매력도와 예상 수익률까지 고려한다. PE의 명성과 AUM, 트랙레코드, 더 나아가 네트워크가 중요한 이유가 바로 여기에 있다.

선배에게 들은 농담인데, PE 업계에서는 'BSG'를 중시한다고 한다. 밥(B), 술(S), 골프(G)다.

 모두 네트워킹을 위한 수단인데, 딜소싱과 펀드레이징 과정을 보면 왜 이런 말이 나왔는지 고개가 끄덕여진다. 성공적인 PE 커리어를 위해서는 실력, 명성, 네트워킹, 언변 어느 하나 중요하지 않은 것이 없다.

다만 PE 업계에서 근무한 적이 없는 필자가 PE 주니어도 알기 어려운 내용을 작성한다는 것은 어불성설일 수 있다. 또한 업계에서 일하려면 직접 부딪혀보고 경험자의 말을 듣는 편이 낫고, PE에 흥미를 가지고 이 책을 읽는 독자라면 이 과정의 세부적인 내용까지 알 필요는 없다고 생각하기에, 딜소싱과 펀드레이징에 대한 내용은 이 정도로 갈음하겠다. 다만 독자분들은 다만 겉으로 보이는 투자 집행부터 엑싯까지의 과정 외에도, 그 앞단에서 더 많은 시간과 노력이 들어간다는 점만은 기억해주면 좋겠다.

자세한 과정을 알고 싶으신 분들은 UCK파트너스 김수민 대표님이 한경의 《PEF썰전》을 통해 기고해주신 딜소싱 과정과, 낭만투자파트너스의 《PE의 투자 과정은 어떻게 진행되나요? (M&A 절차의 A to Z)》를 읽어보시길 추천드린다. 모두 외부에서는 쉽게 접할 수 없는 정보를 나눠주시는 분들이기에, 이 자리를 빌려 감사 인사를 전하고 싶다.

마지막으로 Substack에서 투자업계의 현실을 생생하게 전달해주시는 동상이몽회관의 《프로젝트펀드 결성 후기》의 한 문단을 소개하며 이 장을 마무리하겠다 좋은 투자처에 대한 딜소싱을 마무리하고도 프로젝트펀드를 결성하는 데까지 3~4개월이 걸렸다고 한다. 간접적으로나마 펀드레이징이 얼마나 얼마나 힘든 과정인지 느낄 수 있는 대목이다.

"이런 시장 상황에서 이 일을 해 냈다는 것에 스스로 뽕이 굉장히 차오르는 한편 특히나 힘들었던 지난 2달의 시간이 주마등처럼 스쳐 지나가니 참...스스로가 안쓰럽기도 했다. 24일에 출자금 확인하고 점심 먹으러 가는 길에 노래 들으면서 지하철 타고 가는데 눈물이 한방울 또르륵 흘러내렸다. 앞에 계신 할머니가 울지 말라고 사탕 하나 주시는데 눈물이 더 나올 뻔했다."

제2장

그로쓰 투자

그로쓰 투자 1) 메자닌(Mezzanine)

사례 분석 ①: 메자닌 전문 PE

사례 분석 ②: 메자닌의 하방 보장

그로쓰 투자 2) 주주간계약(SHA)

사례 분석 ③: IPO를 고집해야만 했던 이유

사례 분석 ④: 드래그얼롱으로 인한 경영권 상실

사례 분석 ⑤: 낙동강 오리알 방지 방안, 태그얼롱

그로쓰 투자에서의 경영참여

02

그로쓰 투자

PE의 투자 형태는 기업의 성장 단계에 따라 세 가지로 나뉜다. **벤처캐피탈**Venture Capital, **성장자본**Growth Capital, 그리고 **바이아웃**Buyout이다. 주식회사의 의의는 주주로부터 투자를 받아 성장하고 성과를 배분하는 데에 있는데, 이 과정에서 기업의 성장 단계에 따라 투자 방식과 성격이 달라지게 된다.

기업이 초기 단계에 있을 때는 당연히 이익이 나지 않으므로, 유보 현금이 부족한 반면 성장을 위한 자금 투자가 요구된다. 이 시기에는 재무 지표가 뚜렷하게 나타나지 않기 때문에 일반적인 방식의 밸류에이션이 어렵고, **VC**가 벤처투자를 집행하게 된다. 정의만 따지면 VC도 PE에 포함되긴 하나, 실제로는 투자 방식, 규모,

기간 등 여러 측면에서 큰 차이를 보인다.

초기 기업은 그 자체로 리스크가 매우 크다. 신규 진입자이기 때문에 해결해야 할 과제가 많고, 아직 이익을 논의할 시점이 아니기에 변동성과 불확실성이 모두 높다. 물론 기대수익률 역시 높긴 하지만, 손실 가능성 역시 크다. 따라서 리스크를 줄이기 위한 포트폴리오 전략이 필수적이며, VC는 이를 위해 투자 대상을 분산시키는 접근을 취하게 된다.

PE는 왜 스타트업에 투자하지 않을까? 이는 VC와 PE의 근본적인 차이에서 기인하는데, 포트폴리오에서 소수의 대박을 노리는 VC와 달리 PE는 모든 투자건에서 적절한 수익률을 올린다는 목표를 가지고 있기 때문이다. 그렇기에 PE는 투자 단계부터 엑싯 계획과 예상 수익률을 제시해야 하고, 예측 가능성을 높이기 위해 이익과 현금흐름이 어느정도 안정된 기업에 투자할 수밖에 없다. 초기 스타트업에 투자하기에는 비즈니스 자체가 맞지 않다.

그렇다면 기업이 초기 단계를 지나 시장에 안착하고, 본격적인 성장 국면에 접어들었다면 어떨까? 일정 수준의 경쟁력을 입증하고 매출 규모도 확보했지만, 시설 투자, 연구개발, 시장 확대 등으로 추가 자금이 필요한 경우다. 이때부터는 숫자를 기반으로 한 분석이 가능해지고, 통상 PE는 이 시점에 접어든 기업부터 투자를 집행한다. 이때의 투자를 성장자본 투자(본서에서는 통상 쓰이는 용어인 '**그로쓰 투자**'를 사용)라 한다.

마지막으로, 바이아웃은 성숙기에 접어든 기업에 투자하는 형태로, 경영권 인수를 수반하는 것이 특징이다. 추가적으로 자금을 투입하는 경우도 있긴 하나 기업이 이미 성숙기에 접어들었기 때문에 통상 기존 최대주주의 지분을 인수하는 방식으로 투자가 이루어진다. 따라서 벤처투자와 그로쓰 투자는 기업의 성장 단계로, 그로쓰 투자와 바이아웃은 기업의 성장 단계와 경영권 인수 여부로 구분할 수 있다.

PE의 관점에서 그로쓰 투자와 바이아웃을 좀 더 들여다보면, 두 투자 형태는 단순히 기업의 성장 단계나 경영권 인수 여부뿐 아니라, 투자 규모 면에서도 차이가 있다. 이는 어찌 보면 당연한 일이다. 경영권을 인수하지 않고 소수 지분에 투자하는 그로쓰 투자와 달리, 바이아웃에서는 적게는 3~40%에서 많게는 100%의 지분(최대주주의 지위를 가지게 되는 지분)을 인수하기 때문이다.

투자 규모를 수치로 살펴보면, 일반적으로 VC가 벤처투자를 할 때는 50~100억 원 미만을 투자하고, PE가 바이아웃을 할 때는 500억 원에서 많게는 수조 원에 이르는 대규모 투자가 이뤄진다. 그로쓰 투자는 벤처투자와 바이아웃의 중간 단계에 집행하는 투자인 만큼 투자규모도 중간 수준이다.

그로쓰 투자가 경영권을 인수하지 않는다는 점은 VC의 벤처투자와도 공통된다. 그래서인지 규모가 커진 일부 VC들은 전통적인 벤처투자 영역을 넘어 그로쓰 투자까지 집행하는 모습을 보이기도 한다. 기업의 성장 단계에 따라 초반의 벤처투자는 VC의 투자 영역이고, 후반의 바이아웃은 PE의 투자 영역이라고 할 수 있으므로 중간 단계인 그로쓰 영역에는 양측이 모두 참여하는 것이라고도 해석할 수 있겠다.

그로쓰 투자 전략 1) 메자닌(Mezzanine)

바이아웃보다 적은 자본으로 투자할 수 있어 부담이 덜함에도, 단순 소수지분 투자는 리스크가 크다. 왜냐하면 정의처럼 그로쓰 투자는 (스타트업보다는 덜하지만)비교적 불확실성이 큰 고성장기에 있는 기업에 투자하며, 경영권이 없기에 기업의 의사결정을 통제할 수 없어 대주주와 기타주주 간 이해관계의 불일치가 발생할 수 있기 때문이다.

그렇지만 앞서 언급했듯, PE는 투자건 하나하나가 실패하면 안 되기에 일반적으로 다양한 안전 장치를 마련해둔다. 그중 가장 널리 쓰이는 방식이 바로 **메자닌**^{Mezzanine}이다.

메자닌은 건물 1층과 2층 사이에 있는 라운지 공간을 의미하는 이탈리아어로, 금융에서는 채권과 주식의 중간 단계에 있는 증권이라는 의미로 사용된다. 대표적인 메자닌의 종류는 다음과 같다.

- CB$^{Convertible\ Bond}$, **전환사채**: 투자자가 보통주로 전환할 수 있는 권리를 가진 채권

- EB$^{Exchangeable\ Bond}$, **교환사채**: 투자자가 기업이 가진 타사 주식이나 자사주와 교환할 수 있는 권리를 가진 채권

- BW$^{Bond\ with\ Warrant}$, **신주인수권부사채**: 투자자가 신주(보통주)를 인수할 수 있는 콜옵션을 가진 채권

- CPS$^{\text{Convertible Preferred Stock}}$, **전환우선주**: 투자자가 보통주로 전환할 수 있는 권리를 가진 우선주

- RCPS$^{\text{Redeemable Convertible Preferred Stock}}$, **전환상환우선주**: 투자자가 보통주로 전환할 수 있는 권리를 가지고, 발행자 또는 투자자가 콜옵션(발행자) 또는 풋옵션(투자자)을 가진 우선주

    기업이 메자닌을 발행하는 이유는, 일반 부채에 비해 낮은 금리로 자금을 조달할 수 있고, 주식보다 상대적으로 조달이 용이하기 때문이다. 이론적으로 기업은 유보금-부채-자본 순으로 자금을 조달하는데, 메자닌이 부채와 자본 사이에 위치한 자금 조달 방안이 된다.

    반대로 투자자 입장에서 메자닌은 채권의 성격으로 하방을 방어하면서도 주식의 성격으로 상방을 노릴 수 있는 매력적인 투자처다. 손실은 방어하면서 권리 행사를 통해 주식을 취득한 경우 주가 상승에 따른 수익은 투자자에게 귀속되는 것이다. 이제 PE가 어떻게 메자닌에 투자하고 있는지 사례를 통해 살펴보자.

사례 분석 ①: 메자닌 전문 PE

    제이앤PE$^{\text{J\&프라이빗에쿼티}}$는 2018년 11월 설립된, 누적 AUM 1조 원 초중반대의 중견 PE다. 그간 22개의 펀드를 결성했으며, 이 중 청산된 7개 펀드의 평균 MOIC는 1.44배, IRR은 37.2%로, 빠른 회수를 바탕으로 놀라운 실적을 보여주고 있다. 설립 3년 뒤인 2021

년에는 1,655억 원 규모의 첫 블라인드펀드를 결성했으며 현재는 4,000억 원을 목표로 두 번째 블라인드펀드 결성을 진행 중이다.

지난 2024년 6월, 국민연금이 국내 PEF 출자 사업을 진행하며 최종 4자리를 두고 8곳의 후보를 선정했는데, 그 후보군에 제이앤PE가 포함되기도 하였다. 비록 출자 대상으로 선정되지는 못해 고배를 마셨지만, 웰투시인베스트먼트와 함께 가장 낮은 AUM으로 숏리스트에 선정됐다는 사실은 국민연금이 제이앤PE의 실력만큼은 인정했음을 보여준다. 이처럼 제이앤PE의 투자 전략은 명확히 '메자닌'에 초점을 두고 있다.

2023년에 주식투자를 했던 사람이라면, 에코프로를 비롯한 여러 2차전지 업체들의 주가 폭등을 잊을 수 없을 것이다. 당시 에코프로 주가는 고점 기준 연초 대비 12배 상승하며, 전기차가 당장이라도 전세계에 보급될 것만 같은 기대감을 드러냈다. 필자는 그 기회를 모두 놓치고 포모를 느끼기만 했지만, 제이앤PE는 2차전지 산업에 선제적으로 투자했다.

제이앤PE는 설립 8개월 뒤인 2019년 7월, 두 번째 투자로 2차전지 장비 업체인 대보마그네틱의 CB(1,2회차)에 240억 원을 투자했다. 만기이자율은 2%였으며, 몇 차례 리픽싱을 거친 후 전환가액은 약 22,000원이었다.

리픽싱^{Refixing}은 전환가액 조정으로, 메자닌을 보통주로 전환할 때 적용되는 주당 가격,(메자닌이 100, 전환가액이 10이라면 전환할 수 있는 보통주는 10주)전환가액을 주가에 연동하여 조정하는 조항이다. 과거에는 주가가 하락하면 전환가액을 낮추는 하향 조정만 있을 뿐 반대로의 상향 조정은 이루어지지 않았는데, 형평성 문제로 인해 2021년 12월 하향 조정뿐 아니라 상향 조정도 이루어지도록 제도가 개정되었다.

따라서 제도 변경 이전이었던 당시, 대보마그네틱 CB의 전환가액이 조정되었다는 것은 투자 이후 주가가 하락했음을 의미한다. 그렇다면 제이앤PE는 무엇을 보고 대보마그네틱에 투자했던 것일까?

먼저 대보마그네틱의 펀더멘탈 측면에서 전기차 시장의 성장성과 압도적인 경쟁력이 이유가 되었을 것이다. 지금이야 전기차 시장의 성장이 둔화하며 캐즘 얘기가 나오고 2차전지 관련 기업들의 주가도 큰 폭으로 하락한 상황이지만, 제이앤PE가 투자하던 당시만 해도 연 3~40%에 달하는 시장 성장이 예측되던 시기였다.

이처럼 급성장하던 2차전지 시장에 맞춰 주요 배터리사들은 앞다퉈 증설 계획을 발표했고, 이는 곧 부지 확보와 장비 구매로 이어졌다. 따라서 2차전지 장비업체들의 실적 역시 자연스럽게 상승할 것으로 기대되는 환경이었다.

대보마그네틱은 2차전지 장비 중에서도 원료나 폐기물에 섞여있는 철, 비철금속 등을 제거하는 탈철장비를 제조하는 기업이다. 투자 당시, 글로벌 전자석 탈철기 시장에서 약 70%의 점유율을 차지하고 있었으며, 글로벌 경쟁사는 일본의 한 업체가 유일했다. 당연히 국내 배터리 3사는 물론, 중국의 BYD, CATL 등 주요 글로벌 배터리 기업들 모두가 대보마그네틱의 탈철기를 사용하고 있었다. 즉, 2차전지 생산에 필수적인 장비 시장에서 압도적인 경쟁력과 사실상 독점적 지위를 확보한 기업이었고, 제이앤PE는 이같은 지위에 기반한 가파른 실적 상승을 예측했을 것이다.

두 번째 이유는 리픽싱 조항이다. 비단 이 사례에만 국한되지 않지만, 리픽싱 조항은 그동안 투자자에게 매우 우호적인 조건으로 작용해 왔다. 제도 변경 이전에는 메자닌에 투자할 경우, 주가가 지속적으로 하락하지 않는 한 사실상 확정적인 수익을 기대할 수 있었다.

전환가액은 발행 시 최근 주가를 가중평균해서 결정되기 때문에 일반적으로 발행 당시 주가와 유사한 수준인데, 주가가 바로 상승하는 경우 전환권을 행사하여 지분을 매각하면 되고, 주가가 하락하는 경우 리픽싱을 기다리다가 상승할 때 수익을 누리면 되기 때문이다. 이는 일반적인 주식투자와는 비교할 수 없이 투자자에게 유리한 구조였다.

투자 3년 뒤인 2022년, 전기차 시장의 성장, 배터리사들의 증설과 함께 제이앤PE의 실적 상승 예측은 맞아 떨어졌고, 대보마그네틱은 2018년 대비 5배의 매출, 6배의 영업이익을 기록하였다.

이러한 실적 상승은 CB에 투자한 이후 2년 넘게 우상향한 주가로 이어졌다. 제이앤PE는 2020년 8월부터 전환청구권을 행사해 보통주 지분을 확보한 뒤, 1년 이상에 걸쳐 주식을 분할 매도했으며, 최종적으로 MOIC 1.52x, IRR 28.8%를 기록하며 성공적으로 엑싯했다.

대보마그네틱 주가

제이앤PE는 대보마그네틱 사례 외에도 여러 성공적인 메자닌 투자 사례를 보여줬다.

- 2020년 6월 2차전지 랠리의 주인공이었던 에코프로의 EB에 투자해 MOIC 1.31x, IRR 48.2%를 달성

- 2020년 7월 같은 2차전지 장비업체인 디이엔티의 CPS에 투자해 MOIC 2.06x, IRR 33.5%를 달성

- 창립 후 첫 투자로 조선기자재업체인 현대힘스 RCPS를 975억 원에 인수하며 메자닌을 통해 바이아웃, 현재 현대힘스 주가는 3배 이상 상승

제이앤PE가 그동안 메자닌 전문 PE로서 엄청난 성과를 보여준 것은 맞으나, 상황은 전보다 어려워졌다. 앞서 언급한 대로 2021년

에는 CB 리픽싱 상향 조정 규제가 이루어졌고, 2023년에는 CPS, RPS, RCPS로도 해당 규제가 확대되었기 때문이다. 이런 상황에도 메자닌 투자를 지속적으로 이어가고 있는 제이앤PE가 좋은 모습을 보여줄 수 있을까?

사례 분석 ②: 메자닌의 하방 보장

사실 제이앤PE의 대보마그네틱 투자는 리픽싱 관련 이점을 제외하면, 일반적인 주식투자와 다른 점을 찾기 힘들다. 왜냐하면 메자닌의 만기가 도래하거나 상황에 변화가 생겨 전환권을 포기하고 상환을 요구했더라도 이자율이 2%에 불과한데, PE는 기본적으로 기준수익률(7~8%)이상의 IRR을 목표로 하기 때문이다.

특히, 트랙레코드가 많지 않은 PE가 기준수익률을 넘기지 못한 투자를 한 경우 LP들은 이미 신뢰를 잃게 된다. 그렇기에 제이앤PE가 투자한 메자닌은 하방의 안정성을 노렸다기보다 크나큰 업사이드로 '대박'을 기대한 투자였다고 보는 것이 더 타당하다. 일반적인 메자닌의 하방 보장 조건은 해당 투자건의 펀딩을 수월하게 하는 목적이 크다.

그렇다면 메자닌이 PE의 기준수익률 관점에서 하방을 보장해줄 수도 있을까? 통상 사용되는 방법은, 특정 조건이 발생했을 때 일정 IRR을 보장해 상환하는 구조다. 여기서 특정 조건이라 함은 재무적인 조건이 될 수도, 만기가 될 수도, IPO와 같은 상황이 될 수도 있다. 특히 IPO가 많이 쓰이는데, 두 가지 이유가 있다. 첫째는 IPO가 기업가치가 향상됐음을 알리는 하나의 신호이기 때문이고,

둘째는 주식이 상장시장에서 거래될 시 유동성이 확보되어 엑싯이 한층 수월해지기 때문이다.

    2019년 SKS PE와 미래에셋벤처투자 컨소시엄은 콘텐츠웨이브 CB에 2,000억 원을 투자했다. 해당 CB의 만기는 5년 후였으며, 표면금리는 0.5%, 만기금리는 3.8%로 설정되었다. 다만 일정 조건이 충족되지 않을 경우, 콘텐츠웨이브는 투자자에게 9%의 IRR을 보장해야 했다. 이 '일정 조건'은 바로 IPO 여부였다.

    콘텐츠웨이브는 '웨이브'라는 OTT 서비스를 제공하는 기업이다. 웨이브는 2019년 SK텔레콤의 '옥수수'와 지상파 3사의 'POOQ'가 통합되며 출시했으며, 현재는 넷플릭스, 티빙, 쿠팡플레이에 이어 국내 4위 OTT 플랫폼으로 자리매김하고 있다. 투자 당시 컨소시엄이 어느 정도의 실적을 예측했는지는 알 수 없지만, 콘텐츠웨이브는 4년 만에 3배 이상의 매출 증가를 보일 정도로 빠르게 성장했다.

    하지만 그간의 성장은 자체 경쟁력 확보보다는 코로나 시기 시장 전체 확대의 영향이었다. 시장은 커지는 가운데 웨이브는 지속적인 큰 규모의 콘텐츠 투자에도 매력적인 IP를 확보하지 못해 점유율이 지속적으로 하락했다. 이로 인해 비현금성 비용이 증가하면서 외형적으로는 성장했지만, 순이익 적자 폭은 오히려 커졌고 결국 자본잠식에까지 이르게 되었다.

    결과적으로 콘텐츠웨이브는 IPO에 나서지 못했고, 5년이 지나면서 CB의 만기가 도래했다. 결국 2024년 12월 콘텐츠웨이브는 발행가액 2,000억 원에 IRR 9%를 적용한 3,000억 원을 SKS PE 와 미래에셋벤처투자에 상환했다.

당연히 SKS PE와 미래에셋벤처투자가 9%의 수익률을 보고 투자하진 않았겠지만, IRR 9%가 하방이라는 점이 핵심이다. 이처럼 PE의 성과를 방어해주는, 기준수익률 측면의 하방을 보장하는 메자닌 투자처도 있다.

참고로 BRV캐피탈은 2017년부터 수차례 에코프로머티의 RCPS에 투자했는데, 만약 에코프로머티가 IPO에 실패할 경우 보장해야 하는 수익률은 15% 수준이었다. 결과적으로 에코프로머티가 IPO에 성공하며 보장수익률이 의미가 없어지긴 했지만, 하방이 15%였다는 사실은 놀랍다. 아직 엑싯이 완료되지는 않았지만, 해당 투자건에서 BRV캐피탈은 수십배의 MOIC를 기록할 것으로 추정된다.

또한 콘텐츠웨이브 사례에서 확인해야 할 부분이 하나 더 있는데, 바로 채무불이행 위험이다. 실제로 당시 많은 이들은 콘텐츠웨이브의 재무상태를 근거로 CB 상환이 가능할 지에 대해 의구심을 품었다. 그도 그럴 것이, 콘텐츠웨이브는 지속적인 적자로 인해 자본잠식 상태였고, 현금 보유액은 1,000억 원에도 미치지 못했다. 게다가 전체 자산의 약 50%가 현금화가 어려운 무형자산으로 구성되어 있었다. 따라서 상환을 위해서는 외부에서 자금을 조달해야 하는 상황이었다.

결국 콘텐츠웨이브는 상환 한달 전, 새로운 CB를 발행해 SK

스퀘어와 CJ E&M으로부터 2,500억 원의 투자를 유치하며 상환자금을 마련했다. (SK스퀘어는 콘텐츠웨이브의 모회사이며, CJ E&M은 콘텐츠웨이브가 합병을 논의 중인 티빙의 모회사이다.)

　메자닌은 시세 차익이라는 주식의 장점과 원금 보장이라는 채권의 장점을 합친 증권이다. 하지만 채권 투자에서도 그렇듯, 원금 보장은 기업이 실제로 채무를 상환할 능력이 있을 때만 가능하다. 기업이 메자닌을 발행했다는 뜻은 원하는 자금을 채권 발행만으로는 충당하기 힘들었다는 뜻이고, 이는 곧 채무불이행 위험이 더 높다는 뜻이기도 하다. 따라서 단순히 높은 보장 수익률만 보고 투자에 나섰다가는 낭패를 볼 수 있다.

그로쓰 투자 전략 2) 주주간계약(SHA)

　투자 상품의 관점에서 옵션은 '특정 상품을 정해진 시점에 매수하거나 매도할 수 있는 권리'를 의미한다. 반면, 계약 관계나 상거래에서 옵션은 '특정 상황에서 자의적으로 선택 가능한 조건, 혹은 그 조건을 선택할 수 있는 권리'로 해석된다.

　PE의 투자에서는 후자의 의미가 더 적합하다. 이러한 관점에서 메자닌 역시 옵션적 성격을 가진 금융 상품으로 볼 수 있다. 예를 들어, 상환청구권이 발행자에게 있다면 콜옵션, 투자자가 가지고 있다면 풋옵션에 해당하며, 전환청구권은 보통주로 전환할 수 있는 옵션에 해당하기 때문이다.

주주간계약^{SHA, ShareHolders' Agreement}은 주주들이 회사의 의사결정, 주식 처분 등에 관하여 서로 특정 조건을 약정하는 계약이다. 두 개 이상의 법인이 파트너쉽을 맺어 회사를 설립하는 경우, 공동 창업자가 회사를 창업하는 경우에도 사용되고 투자자가 기업에 투자할 때도 사용된다. 단순 소수지분 투자의 한계로 인해 메자닌에 투자하는 것처럼, PE는 기존 대주주와 주주간계약을 맺는 방식으로 투자하기도 한다. 그로쓰 딜에서 흔히 사용되는 주주간계약의 옵션은 다음과 같다.

- **풋옵션**^{Put Option}: 최대주주나 기업에게 보유 지분을 매각할 수 있는 권리, 기업이 풋옵션 행사 상대방일 경우 기업이 의무를 지는 것이므로 풋옵션이 부채로 계상되어 재무구조에 악영향을 줌.

- **드래그얼롱**^{Drag-along, 동반매도청구권}: 특정 주주가 지분을 매각할 때 다른 주주의 지분도 함께 매각할 수 있는 권리. 특정 주주는 최대주주가 될 수도, 소수주주가 될 수도 있지만 일반적으로는 소수주주.

- **태그얼롱**^{Tag-along, 동반매도권}: 최대주주가 보유 지분을 매각할 때 소수주주가 같은 조건으로 자신의 보유 지분을 함께 매각할 수 있는 권리.

- **드래그앤콜**^{Drag and Call}: 드래그얼롱을 가진 소수주주의 지분에 대해 최대주주에게 콜옵션을 부여. 드래그얼롱 조항만 있다면 최대주주는 언제나 경영권을 잃을 위험이 있음. 이에 최대주주의 경영권 방어 목적으로 도입.

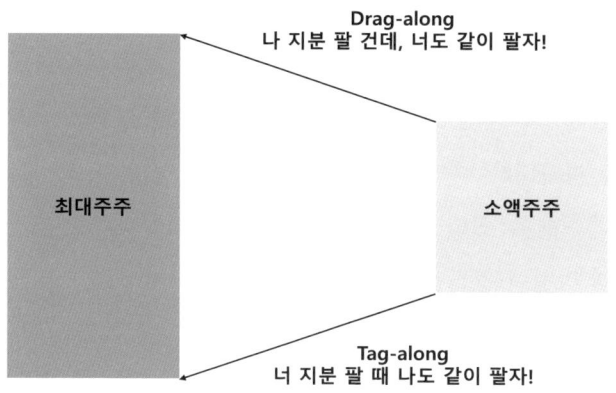

　메자닌을 투자한 PEF에게 수익률을 보장해줄 때 특정 조건이 필요했던 것처럼, 주주간계약에서도 옵션을 항상 행사할 수 있는 것은 아니다. 마찬가지로 IPO 실패와 같은 특정 조건이 필요하다.

　이외에도 ROFR^{Right Of First Refusal, 우선매수권}, ROFO^{Right Of First Offer, 우선제안권} 등이 있으나 앞선 네 조항이 단순 소수지분 투자의 한계 극복을 위한 최대주주 견제, 엑싯의 수월함 측면에서 가장 어울리는 조항이다. 사례를 보기 전에 특징을 생각해보자.

　먼저 풋옵션은 가장 강력한 조항이다. 매각자와 인수자, 가격과 거래 조건이 사전에 정해져 있기 때문이다. 지분을 넘기고 자금을 수취하는 것으로 거래가 종결되어 최대주주가 선택할 수 있는 다른 방안이 없다. 또한 풋옵션 행사 가격은 일정 수익률을 보장해주는 형태이기에 하방을 보장해주는 동시에 높은 예측 가능성을 가진다는 장점이 있다.

　그 다음으로 강력한 조항은 드래그얼롱이다. 소수주주가 드래그얼롱을 행사하면 최대주주는 지분을 팔아야만 하기 때문이다. 기업의 경영권을 취득하면 펼칠 수 있는 전략이 매우 다양해져, 일반적으로 경영권이 포함된 지분은 소수 지분보다 훨씬 더 매력적인 매물로 평가된다. 따라서 드래그얼롱을 통해 최대주주의 지분까지 함께 매각할 수 있다면, 소수지분만을 단독으로 매각할 때보다 전체 매각 작업이 훨씬 수월해진다.

한편, 드래그앤콜은 최대주주가 콜옵션을 가지고 있는 것뿐이니 소수주주 입장에서는 이득이 되는 조건이 아니라고 생각할 수 있다. 하지만 일반적으로 드래그앤콜에서는 콜옵션이 행사될 것으로 기대된다. 왜냐하면 최대주주 입장에서 경영권 포기는 선택할 수 있는 마지막 방안이기 때문이다.

마지막으로, 태그얼롱은 가장 강제성이 없는 조항이다. 기본적으로 이 조항은 최대주주의 지분 매각이 전제가 되어야만 행사할 수 있기 때문에, 매각이 이루어지기 전까지는 소수주주가 취할 수 있는 선택지가 없기 때문이다.

또, 드래그얼롱과 태그얼롱의 강력한 장점 중 하나는 경영권 프리미엄이 적용된 가격에 지분을 매각할 수 있다는 점이다. 경영권 지분은 기업의 의사결정과 현금흐름을 통제할 수 있어 소수지분보다 20~100% 높은 가격으로 거래되며, 이를 경영권 프리미엄이라 한다. 따라서 투자 시에는 경영권 프리미엄이 없는 가격으로 지분을 확보하고, 매각 시에는 프리미엄이 포함된 가격으로 지분을 매각할 수 있다.

메자닌은 옵션의 행사 상대방이 기업이기에 재무제표에 메자닌의 조건이 공시되어, 제3자도 거래 구조를 비교적 쉽게 파악할 수 있다. 반면, 주주간계약 상에 나타나는 옵션부 투자의 경우, 피투자기업을 대상으로 한 풋옵션(기업에게 의무가 있는 경우)이 아니라면 말 그대로 '주주 간'계약, 사적 계약이기에 거래 구조가 재무제표에 드러나지 않는다. 또한, **비밀유지계약**[NDA, Non-Disclosure Agreement]이 설정된 경우가 대다수기에 제3자가 거래 구조를 파악하기 어렵다. 따라서 주주간계약 사례는 거래 구조가 언론을 통해서 대략적으로 드러난 경우이며, 사실과 차이가 있을 수 있음을 밝힌다.

이러한 주주간계약의 공개 여부가 이슈가 된 사례가 하이브다. 스틱인베스트먼트, 이스톤PE 등 다수의 PE가 하이브가 IPO를 하기 전인 2018년과 2019년 하이브에 2,300억 원을 투자하며 방시혁 의장과 주주간계약을 맺었는데, 방시혁 의장이 IPO 이후, PEF가 하이브 투자를 통해 벌어들인 수익의 30%를 수취한다는 조항이 계약에 포함돼 있었다.

하이브는 2020년 IPO에 성공했고, 상기 사항으로 방시혁 의장은 약 4,000억 원에 달하는 수익을 수취한 것으로 알려졌다. 원칙적으로 주주간계약은 사적 계약으로서 공시 의무가 발생하지 않지만, 최대주주가 IPO를 통해 사적으로 막대한 수익금을 챙길 수 있는 조항조차 공개되지 않았다는 사실이 논란이 되었고, 사실상 대주주가 보호예수 기간을 회피해 수익을 올린 것이 아니냐는 아니냐는 지적도 제기되었다.

이 사안의 진위와 정당성에 대해서는 독자 여러분의 판단에 맡기겠다.

사례 분석 ③: IPO를 고집해야만 했던 이유

밀리의서재는 웅진씽크빅 대표 출신인 서영택 대표가 2016년 설립한 국내 e-book 업계의 대표 주자다. 구독료를 내면 플랫폼에 등록된 전자책을 자유롭게 읽을 수 있는데, '책 인플레이션'이라는 말이 나올 정도로 종이책 구매가 부담스러운 시대에 독서광들에게 한 줄기 빛이 되고 있다. 이에 따라 회원 수는 2018년 11만 명에서 2024년 85만 명으로, 6년 만에 7배 이상 증가하며 눈에 띄는 성장을 보이고 있다. 국내 e-book 시장에서는 압도적인 1위 사업자다.

실적 또한 안정적으로 성장 중이다. 2019년에서 2023년 4년 만에 5배의 매출 성장을 보이며 흑자로 전환하였고, 20%에 육박하는 영업이익률을 보여주며 1위 플레이어의 독점력을 입증하고 있다.

2021년 9월 창업자인 서영택 대표는 지분 일부를 지니뮤직에 매각하며 최대주주 자리를 내려놓았다. 특수관계인 지분까지 매입한 지니뮤직은 지분 38.6%를 확보하며 최대주주 자리에 올랐다. 이 과정에서 서영택 대표를 비롯해 HB인베스트먼트, KB인베스트먼트, 코오롱인베스트먼트 등 기존 FI들은 지니뮤직과 주주간계약을 체결하게 된다.

FI^{Financial Investor, 재무적 투자자}는 PE, VC와 같이 투자 후 엑싯을 통

해 수익을 얻는 것을 주목적으로 하는 투자자이다. 반면, SI^{Strategic} $^{Investor, 전략적\ 투자자}$는 기존 사업과 시너지, 시장 확대, 신사업 발굴 등 사업적인 목적을 가진 투자자이다. 그렇기에 투자 시점부터 예상 수익률을 계산하고 엑싯 플랜을 세우는 FI와 달리 SI는 주로 사업의 방향성을 고려한다. 금융자본과 산업자본의 차이라고 볼 수도 있겠다.

다시 사례로 돌아가, 당시 체결된 주주간계약의 주요 내용은 다음과 같았다.

밀리의서재 주주간계약	
구분	주요내용
드래그얼롱	상장기한 내에 회사가 상장되지 않은 경우 지니뮤직 이외 다른 주주들은 지니뮤직에 매도할 것을 청구할 수 있는 권리를 행사 가능하며, 지니뮤직은 다른 주주들의 주식에 대해 우선제안권 보유
태그얼롱	지니뮤직이 보유주식 매각 시, 지니뮤직 이외 다른 주주들은 자신이 소유한 주식의 전부를 공동으로 매도할 것을 청구할 수 있는 권리를 보유
풋옵션	지니뮤직은 3년 이내 회사의 상장을 추진하여야 하고, 상장 신청이 가능한 형식적 심사요건이 충족되었음에도 불구하고 상장을 추진하지 않는 경우, 지니뮤직 이외 다른 주주들은 지니뮤직에게 매도권 행사 가능
풋옵션	회사 상장 이후 매도인 중 서영택은 보유하고 있는 잔여주식에 대하여 지니뮤직에게 기업공개 완료에 따른 매도권 행사 가능
우선매수청구권	지니뮤직 이외 다른 주주들이 주식 매각 시, 지니뮤직이 우선매수권 보유

출처: DART

특정 조건은 대부분의 주주간계약이 그렇듯 IPO였고, 계약일로부터 3년 뒤인 2024년 9월까지 IPO를 추진하지 않을 시 서영택 대표와 FI가 드래그얼롱을 행사할 수도, 지니뮤직을 대상으로 풋옵션을 행사할 수도 있다는 내용이었다.

FI는 밀리의서재의 성장성과 주주간계약으로 인한 하방의 안정성을 포인트로 삼았을 것이다. 반대로, 지니뮤직의 입장도 생각해 볼 필요가 있다. 지니뮤직은 2019년부터 2021년까지 3년간 매출이 정체되어 있었고, 새로운 성장 동력이 필요한 상황이었다. 이와 같은 맥락에서, 동일한 플랫폼 산업에 속하며 구독형 비즈니스 모델을 갖춘 밀리의서재를 전략적으로 인수한 것으로 보인다.

그러나 주주간계약으로 인해 기한 내 IPO를 추진하지 못할 경우, 지분을 매각하거나 소수주주들의 지분을 매입하기 위한 자금을 마련해야 했기에, 지니뮤직 입장에서는 밀리의서재를 반드시 상장시켜야 한다는 압박감을 받을 수밖에 없었다. 실제로 2022년, 인수 직후 코스닥 상장 절차에 돌입했으나, 한 자릿수의 경쟁률이라는 저조한 수요 예측 결과로 인해 흥행에 실패했고 결국 상장을 철회하게 되었다.

기본적으로 IPO는 신규 자본을 유치한다는 뜻이고, 이는 곧 시장이 해당 기업의 매력도를 인정해야 성사될 수 있다는 뜻이다. 그러나 밀리의서재는 당시 시장에서 충분한 매력을 입증하지 못했다. 게다가 2022년은 글로벌 고금리 기조가 지속되며 투자 심리가 크게 위축된 시기였기에, 제값을 받기 위해서는 금리가 하락기에 들어서고 시장 분위기가 우호적으로 전환되는 시점을 기다릴 수밖에 없는 상황이었다.

그러나 상장 기한이 3년이었기에 지니뮤직은 한시가 급한 상황이었고, 이에 따라 2023년 다시 한 번 IPO에 도전했다. 이번에는 2022년보다 공모주식 수를 줄이고, 공모가액도 낮추는 방식으로 상장 조건을 조정했다. IPO에 반드시 성공해야 한다는 강한 의지가 반영된 조치였다. 결국 IPO에 성공했고, 정확히 밝혀진 바는 없으나 FI들은 두자릿수의 IRR을 기록했을 것으로 예상된다. 주주간계약을 보면 왜 밀리의서재가 우호적인 시장 상황을 기다리지 않고 무리하면서 IPO를 시도했는지 알 수 있다.

이처럼 주주간계약은 최대주주로 하여금 FI의 엑싯 방안을 마련하도록 압박한다. 드래그얼롱이 포함된 주주간계약을 맺은 국내 사례는 많으나 아직 실제로 드래그얼롱으로 최대주주가 지분을 강제로 매각한 사례가 없다는 사실은, 오히려 주주간계약이 효과적으로 작용해 많은 경우 FI가 원하는 바를 이뤄왔음을 뜻한다.

사례 분석 ④: 드래그얼롱으로 인한 경영권 상실

카카오택시는 대한민국 국민이라면 모르는 사람이 없을 것이다. 이제는 길에서 손을 흔들거나 택시회사에 전화해서 콜택시를 부르는 시대가 아니라, 핸드폰으로 택시 호출부터 결제까지 가능한 시대이고, 카카오택시는 택시호출 시장에서 94%라는 압도적인 점유율을 보이기 때문이다.

카카오모빌리티는 흔히 카카오택시로 가장 잘 알려져 있지만, 카카오택시, 카카오맵, 카카오대리 등 모빌리티 관련 여러 사업을 영위하는 기업이다. 네비게이션 시장에서는 점유율 12%로 2위, 대리운전 시장에서는 40%가 넘는 점유율을 보인다.

이러한 독점적 지위를 바탕으로 실적도 안정적으로 성장 중이다. 매출 성장률도 가파르고, 영업권 손상차손으로 인해 순이익은 적자를 기록 중이지만 영업이익은 흑자로 전환했다. 최근 성장세가 주춤하는 모습이긴 하나, 카카오택시 기준으로 1,300만 명이 넘는 MAU(월간 활성 사용자 수)는 여전히 독보적인 시장 지배력을 보여준다. 하지만 이제는 '카카오'라는 이름을 붙이지 못할 지도 모르겠다. 카카오모빌리티 매각 작업이 한창 진행 중이기 때문이다.

카카오모빌리티라는 주요 자회사를 매각한다는 것은 정상적인 상황이 아니다. 그 원인을 살펴보려면 2017년으로 거슬러 올라가야 한다. 카카오모빌리티는 카카오가 2017년 사업부를 분할해 신설했는데, 설립과 동시에 FI로부터 대규모 자금을 유치했고, 당시 TPG 컨소시엄(이하 'TPG')이 약 5,000억 원을 투자했다. 그로부터 4년 뒤에는 약 두 배 상승한 기업가치로 추가 투자를 유치했는데, 칼라일(2,200억 원), 구글(565억 원), TPG(1,400억 원) 등 여러 FI로부터 추가 투자를 받았다. TPG는 총 6,400억 원을 투자한 셈이다.

2021년 카카오모빌리티는 가파른 실적 성장을 바탕으로 코스피 상장을 추진했다. 카카오는 이미 카카오뱅크, 카카오게임즈 등 여러 자회사를 상장시킨 경험이 있었기에, 카카오모빌리티의 상장도 자연스러운 수순처럼 보였다.

그러나 독점 및 플랫폼 규제, 문어발식 사업 확장에 대한 비판 등 부정적인 이슈가 잇따르면서 상장이 무산되고 말았다. 당시 김범수 카카오 의장은 2021년 한 해 동안 세 차례나 국정감사에 출석했으며, 이는 국내 대기업 총수로서는 전례 없는 일이었다. 비슷한 맥락에서 카카오엔터테인먼트 역시 상장에 실패한 바 있다.

그 후, 언론을 통해 새로운 이야기가 흘러나왔다. 2017년 TPG가 카카오모빌리티에 투자할 당시, 5년 이내 IPO를 추진하지 못할 경우 드래그얼롱을 행사할 수 있다는 주주간계약 조항이 있었다는 것이다. 실제로 2022년 7월 카카오모빌리티의 매각설이 보도되었다. 카카오 외 주주들은 보유 지분을 전량 매각하고, 카카오는 약 10%대 지분을 매각한 뒤 2대 주주로 남는 방식이었다. 인수자로는 MBK파트너스가 거론되었다.

그러나 카카오모빌리티 임직원과 노조가 PE로의 매각에 강하게 반대했다. 회사 외부에서도 택시 노조와 민주노총이 시위를 벌이는 등 사회적 반발이 이어졌다. 이러한 이유 때문인지, 혹은 3~4조 원에 달하는 거래 규모의 부담 때문인지 해당 딜은 끝내 성사되지 못했다.

그리고 2년이 지난 지금, 카카오모빌리티의 매각 작업이 다시 진행되고 있다. 이번에는 VIG파트너스와 골드만삭스가 잠재적 인수자로 언급되고 있으며, 역시나 카카오 지분을 포함해 50% 이상의 지분을 매각하는 방식이다. 다만 거래 규모가 크고, 내부 반발 가능성도 존재하기 때문에 딜의 성사 여부는 여전히 불확실하다.

그러나 TPG 입장에서는 반드시 딜을 성사시켜야 하는 상황이다. 투자기간이 7년을 넘겨 일반적인 엑싯 타이밍을 놓쳤을 뿐 아니라, 주주간계약 조항이 사실이라면 동반매각에 대한 법적 근거도 갖추고 있기 때문이다.

앞서 언급했듯, 국내에서 FI가 드래그얼롱을 행사해 최대주주 지분까지 매각한 사례는 아직 공개적으로 확인된 바 없다. 물론 FI 입장에서 드래그얼롱을 행사해야 하는 하는 상황 자체가 이상적인 시나리오는 아니다. IPO에 실패했다는 것은 곧 기업가치가 기대만큼 상승하지 못했거나, 대내외적인 여건이 좋지 않다는 것을 의미하기 때문이다. 이는 곧 기업의 매력도가 낮다는 뜻이며, 매각을 추진하더라도 원활하게 진행되기 어렵다는 것을 의미한다.

그러나 주주간계약이 단순히 최대주주를 압박하기 위한 수단만은 아니다. 하방의 안정성과 엑싯의 수월함을 확보하기 위한 장치이기도 하다. 이번에는 TPG가 드래그얼롱을 행사해 엑싯에 성공할 수 있을지, 국내에서 새로운 사례를 만들어낼 수 있을지 주목할 만한 딜이다.

비슷한 구조의 사례로 11번가도 카카오모빌리티와 유사한 상황에 놓여있다. 2018년 SK플래닛에서 분할하면서 FI로부터 지분 18.2%에 대해 5,000억 원 가량의 투자를 유치했는데, 주주간계약 사항으로 드래그앤콜이 있었다. 해당 계약의 조건 역시 카카오모빌리티와 동일하게 '5년 내 IPO'였다. 그러나 이후 이커머스 시장 내에서 11번가의 입지가 점차 약화되었고, 실적 역시 좋아지지 못했다. 더불어 고금리 시기에 대규모 적자를 기록한 플랫폼 기업은 시장에서 좋은 평가를 받기 어려웠고, 이로 인해 11번가도 계속해서 상장에 실패했다.

결국 상장 기한이었던 2023년 9월까지도 상장에 실패했고, 이에 따라 먼저 최대주주인 SK스퀘어에게 콜옵션이 부여됐다. FI는 당연히 SK스퀘어가 콜옵션을 행사할 것이라 예상했을 것이다. 11번가는 SK 지주 입장에서도 주요 유통 채널 중 하나이고, 재무적으로도 SK스퀘어 매출의 20%가량을 차지하는 주요 자회사이기 때문이다.

하지만 2023년 11월 SK스퀘어는 콜옵션 행사를 포기했고, 이에 따라 드래그얼롱 행사 가능 요건이 충족되었다. 콜옵션 행사를 통해 FI의 지분을 인수할 시, 보장 수익률을 5%라고 가정해도 6,000억~7,000억 원의 자금을 FI에게 지급해야 하는데, 11번가의 경영권을 유지함으로써 얻을 수 있는 실익이 그에 미치지 못한다고 판단한 것이다.

이에 FI는 2023년 말부터 경영권 매각을 추진 중이지만, 이 역시 순조롭지 않다. 현재 5,000억~6,000억 원 수준에서도 딜이 성사되지 않는 점을 감안하면, 2018년 투자 당시 평가받았던 약 3조 원에 이르는 기업가치는 80% 이상 하락한 것으로 보인다. 독점 논란, 분할 상장 이슈, 임직원 반발 등 외부 요인이 IPO 실패의 주원인이었던 카카오모빌리티와 달리, 11번가는 기업 펀더멘탈의 악화가 주된 원인이라 할 수 있다.

흔히 가치투자를 하는 이들은 기업의 펀더멘탈에만 집중하라고 한다. 결국 주가는 기업의 펀더멘탈에 수렴하는데, 센티멘탈이 주가를 흔들며 혼란을 준다는 것이다. PE의 투자 또한 같지 않을까? 메자닌이나 주주간계약, 거래 구조를 통해 하방의 안정성, 엑싯의 수월함, 혹은 수익의 극대화를 꾀할 수는 있지만 결국 기업의 펀더멘탈이 흔들리면 답이 없다. '투자'라는 큰 틀에서 본질은 변하지 않는다.

사례 분석 ⑤: 낙동강 오리알 방지 방안, 태그얼롱

태그얼롱은 최대주주가 지분을 매각할 때 비로소 의미를 가진다. 하지만 회사를 매각한다는 건 사실 일반적인 상황이 아니다. 사업구조를 재편하거나, 재무구조가 악화된 경우 자회사를 매각하긴 하지만 자주 벌어지는 상황이라고 보긴 힘들기 때문이다. 최대주주가 개인인 경우에도 언제 매각할지 알기 어렵다. 그런데, 최대주주가 PE라면 상황은 다르다.

PE는 엑싯을 해야만 하고, 일반적으로 엑싯까지의 기간을 3~6년으로 설정한다. 매각 여부가 불확실하고 매각 시점이 예측하기 어려운 다른 경우와 달리, 최대주주가 PE인 경우에는 매각이 확실하며 매각 시점도 어느 정도 예측할 수 있다는 것이다. 최대주주의 지분 매각이 핵심임을 고려할 때 태그얼롱은 이러한 상황에 진정한 의의를 지닌다.

유비케어는 국내 EMR$^{\text{Electronic Medical Record, 전자의무기록}}$ 시장 점유율 40%를 차지하는 1위 사업자다. EMR은 환자의 의료 정보를 전자적으로 저장하고 관리하는 시스템으로, 유비케어의 대표적인 EMR 솔루션인 '의사랑'은 전국 26,000여 개 병의원과 약국에서 사용되고 있다. 투자 당시 유비케어의 매출은 독점적 위치를 바탕으로 의료 시장의 성장과 함께 연 10~20%씩 증가했고, 마진도 큰 등락 없이 10% 수준을 안정적으로 유지하고 있었다. 손익계산서만 보더라도 예측 가능성을 중요시하는 PE에게는 매우 매력적인 매물이었다.

2015년 12월, 스틱인베스트먼트는 SK케미칼로부터 유비케어 지분 44%를 800억 원에 인수했다. 그리고 2년 4개월 뒤, 요양병원 및 한방병원 EMR 시장 1위 사업자였던 브레인헬스케어를 190억 원에 인수하기 위해, 카카오인베스트먼트를 대상으로 420억 원 규모의 유상증자를 단행했는데, 이때 태그얼롱이 주주간계약에 포함되었다. 카카오인베스트먼트는 스틱인베스트먼트라는 대형 PE가 최대주주이기에, 바이아웃 5년 뒤인 2020년 12월까지는 엑싯을 시도할 것이라 예상했을 것이고, 그에 따라 태그얼롱을 주주간계약 사항으로 요구했을 것이다.

실제로 2020년 2월, 스틱인베스트먼트는 유비케어를 녹십자헬스케어에 1,350억 원에 매각했고, 카카오인베스트먼트는 태그얼롱을 행사해 스틱인베스트먼트와 동일한 조건으로 지분을 매각할 수 있었다. 배당 등 기타 조건을 제외하고 단순히 투자액과 매각액만 비교했을 때, 카카오인베스트먼트는 2년 2개월 만에 1.7배의 MOIC를 달성했으며 IRR은 25~30% 수준으로 예상된다.

카카오인베스트먼트에게 태그얼롱이 없었다면 엑싯의 불확실성이 커졌을 것이다. 녹십자는 기존 의료 플랫폼 사업에서 볼트온의 일환으로 유비케어를 인수한 것인데, 이 경우 핵심은 유비케어의 경영권, 즉 최대주주 지위를 확보할 수 있느냐였다. 자금 사정이 여의치 않았다면, 녹십자는 스틱인베스트먼트의 지분만 인수하는 데에도 충분히 만족했을 수 있다. 그렇게 됐다면 카카오인베스트먼트는 장내에서 지분을 조금씩 매도하거나, 별도의 소수지분 인수자를 찾아야 했을 것이다. 결국 최대주주가 FI일 경우, 낙동강 오리알 신세가 되지 않으려면 태그얼롱은 사실상 필수적인 조항이다.

또한 태그얼롱 덕분에, 카카오인베스트먼트는 자신이 보유한 소수지분을 경영권 프리미엄이 반영된 가격에 매각할 수 있었다. 당시 녹십자의 인수 가격은 주당 약 7,600원이었는데, 이는 공시 당일 유비케어의 주가인 5,700원보다 30% 이상 높은 수준이었다. 장내에서 매도하는 것보다 훨씬 유리한 조건이었던 셈이다. 앞서 언급했듯, 경영권 프리미엄이 반영된 가격에 소수지분을 매각할 수 있다는 점은 드래그얼롱과 태그얼롱이 가진 강력한 장점 중 하나다.

그로쓰 투자에서의 경영참여

회계에는 '유의적 영향력'이라는 개념이 있다. 한 기업이 다른 기업에 유의적인 영향력을 가지고 있다면, 해당 지분은 일반적인 투자자산과 다른 방식으로 회계처리해야 한다. 회계기준에 따르면 유의적 영향력의 판단 기준은 일반적으로 지분율 20% 이상이며, 여기에 이사회 구성이나 주요 의사결정에 대한 영향력, 임원 선임 여부 등이 포함된다. 이는 소수지분이라 하더라도 기업 경영에 실질적인 영향을 줄 수 있다면 그에 따라 회계처리 방식도 달라져야 한다는 판단에서 비롯된다.

PE의 투자라고 해서 예외는 아니다. 앞서 그로쓰 투자를 바이아웃과 비교하며 경영에서의 배제를 언급했지만, 회계기준처럼 소수

지분이라도 유의미하다면 기업의 의사결정에 영향을 미칠 수 있다. 대표적인 방식은 이사를 선임해 이사회에 참여하는 것으로, 이는 주주간계약을 통해 설정된다.

BNW인베스트먼트, SK증권PE, 기업은행PE는 2016년 에코프로비엠의 BW를 포함해 약 30%의 지분에 600억 원을 투자했다. 이 중 BNW인베스트먼트는 삼성전자 사장 출신 김재욱 대표와 삼성SDI 연구소장 출신 장동식 부사장이 함께 창립한 PE로, 반도체 및 2차전지 분야의 전문성을 바탕으로 주로 테크 기반 기업에 투자해왔다.

BNW인베스트먼트는 이 같은 인적 자원을 단순히 투자처 발굴에만 사용하지 않았다. 투자 이후 장동식 부사장이 에코프로비엠의 등기이사로 참여해 R&D 전문성 강화를 지원했고, 삼성SDI의 인력을 영입하는 데에도 기여했다. 그 결과, 에코프로비엠은 폭발적인 성장을 이뤘으며, BNW인베스트먼트는 90%에 가까운 IRR을 기록했다.

이처럼 경영 참여가 반드시 바이아웃 투자에서만 가능한 것은 아니다. PE는 재무적 조언을 제공하거나 네트워크를 활용해 투자기업을 도울 수도 있다. 결국 그로쓰 딜이라고 해서 경영에서 완전히 배제되는 것은 아니며, 오히려 적극적인 경영 참여를 통해 기업가치를 높이는 데 직접적인 영향을 미친 사례도 적지 않다.

제3장

그로쓰 투자 유의사항

사례 분석 ①: 생각과는 다른 드래그얼롱
사례 분석 ②: K-GAAP vs K-IFRS
사례 분석 ③: GMV, 정의가 문제다

03

그로쓰 투자
유의사항

그로쓰 투자에서 투자시점에는 최대주주와 소수주주의 이해관계가 대체로 일치한다. 양측 모두 기업의 성장을 목표로 하며, 이를 위해 IPO나 특정 재무적·사업적 조건을 계약서에 포함시키기 때문이다. 그렇기에 투자 후 양측이 기대했던 결과가 현실화된다면, 모두가 만족하는 결말로 이어지게 된다.

하지만 언제나 문제는 상황이 예상과 다르게 흘러갈 때 발생한다. 기업의 성장이 정체되거나, IPO에 실패하거나, 재무 조건을 충족하지 못하는 경우 양측의 이해관계는 엇갈리기 시작한다. 소수주주는 계약에 따라 투자금 회수를 원하지만, 최대주주는 상황이 나아질 때까지 옵션 행사 시점을 늦추려 하기 때문이다.

그로쓰 투자에서도 단순히 메자닌을 보통주로 전환하거나 상환을 청구하는 경우, 조건이 계약상 명확하게 정해져 있어 법적 분쟁의 여지가 적다. 하지만 메자닌에 IPO와 같은 특정 조건과 함께 보장수익률이 명시되어 있거나 옵션의 행사 조건이 복잡하고, 위와 같이 기업의 상황이 좋지 못한 경우, 대주주와 소수주주 간의 갈등이 심화되어 관계가 파국으로 치닫는 사례도 발생한다.

사례 분석 ①: 생각과는 다른 드래그얼롱

두산그룹은 지금으로부터 약 15년 전, 심각한 유동성 위기를 겪은 바 있다. 물론 당시 글로벌 금융위기로 인해 모든 기업들이 어려움을 겪었지만, 두산그룹은 금융위기 직전 밥캣을 인수했기에 더욱 위기였다. 밥캣 인수가는 5조 원으로 당시 한국 기업의 해외 M&A 사상 최대 규모였다. 이로 인해 두산그룹은 2009년부터 그룹 차원의 구조조정에 착수했고, 그 대상 중 하나가 바로 DICC$^{\text{Dusan Infracore China Co.}}$였다.

DICC는 건설 장비, 엔진, 산업용 기계를 판매하는 두산인프라코어(현 'HD현대인프라코어')의 중국 법인이었다. 그러나 글로벌 금융위기의 충격과 밥캣 인수 부담이 겹치면서 두산인프라코어의 재무 상황이 악화일로를 걷고 있었다. 이에 따라 두산인프라코어는 재무구조 개선을 위해 2011년 DICC 지분 20%를 3,800억 원에 IMM PE, 미래에셋PE, 하나대투증권PE에 매각했다.

하지만 FI가 투자를 집행한 직후, 회복세를 보이던 중국 경제가 급속히 침체 국면에 들어서면서 상황이 급변했다. 이에 따라 DICC의 순이익은 2011년 1,270억 원에서 2012년 150억 원, 2013

년에는 30억 원으로 추락했다.

    FI는 지분 인수 당시 두산과 3년 내 IPO를 조건으로 하는 드래그얼롱이 포함된 주주간계약을 체결했다. 그러나 예상치 못한 중국 경기 침체와 실적 악화로 인해 IPO 추진은 사실상 어려워졌다. 이에 따라 FI는 2014년 드래그얼롱 조항을 행사하겠다는 의사를 두산 측에 전달했고, 2015년부터 본격적으로 매각 절차에 돌입했다. 이 과정에서 해외 PE 두 곳이 인수에 관심을 보였으나, 결국 매각은 무산되었다. 문제는 매각 실패의 사유가 실사자료 미제공이었다는 점이다.

    FI든 SI든 대규모 투자를 집행할 때는 꼼꼼한 실사를 진행한다. 중고로 물건 하나를 사더라도 물어볼 사항이 많은데, 수백억 원이 넘는 자금을 투자하려면 최대한 꼼꼼하게 검토하는 과정이 필요한 것이다. 당연히 모든 실사는 회사에 자료를 요청하고 질문하는 일련의 과정이 수반되기에 회사 측의 협조가 필요하다. 따라서 실사자료 미제공을 이유로 매각이 무산되었다는 것은, 경영권을 쥐고 있는 두산그룹이 사실상 드래그얼롱 행사를 방해했다고 해석할 수 있었다.

    이에 2015년 FI는 두산그룹이 조건이 만족되었음에도 상장을 추진하지 않았고, DICC 지분 매각에 협조하지 않았다는 이유로 소송을 걸었다. 두산 측은 이에 대해, 주주간계약 상 실사에 협조할 의무가 명시되지 않았다고 반박했다. 1심에서는 두산 측이, 항소심에서는 FI 측이 승소했는데, 고등법원은 항소심 판결에서 "주주간계약 상 드래그얼롱이 명시되어 있다는 것은 당연히 매각에 협조할 의무가 있다는 뜻"이라며, 두산인프라코어가 FI의 지분을 IRR 15%를 적용한 7,000억 원 가량에 매입해야 한다고 판결했다.

하지만 판결은 상고심에서 또 한 번 뒤집혔다. 대법원은 "이와 같이 매수예정자와 매각금액을 특정할 수 없는 이상, 조건 성취 방해에 따른 조건 성취를 의제하더라도 그것만으로는 곧바로 매도주주와 상대방 당사자 사이에 어떠한 법적 효과가 발생하는지를 정할 수 없고, 피고 두산인프라코어가 원고 오딘2에 입찰절차 진행에 필요한 투자소개서 작성을 위한 자료를 제대로 제공하지 않은 행위만을 이유로 신의성실에 반하여 조건의 성취를 방해한 것으로 보기 어려울 뿐 아니라 그 조건 성취로 인한 법률 효과를 정할 수 없다는 점에서도 민법 제150조 제1항에 따라 원고 오딘2와 피고 두산인프라코어 사이에 원고 오딘2 소유의 DICC 지분에 관한 매매계약 체결이 의제된다고 할 수 없다."라고 하며 두산 측이 매도자 실사에 비협조했다는 이유만으로 조건 성취를 방해했다고 볼 수 없다고 판결했다. 해당 판례는 드래그얼롱 관련 중요한 판례로 남아있다.

결국 FI는 지분을 넘기며 두산으로부터 원금에도 못 미치는 3,050억 원을, 그것도 10년 만에 회수했다. FI 중 하나였던 IMM PE는 1호 블라인드펀드인 RoseGold 1호에서 DICC에 가장 많은 금액을 투자했는데, 다른 포트폴리오의 성과는 좋은 편이었으나 DICC 관련 분쟁으로 인해 펀드를 IRR 5.32%라는 실망스러운 성적표로 마무리했다.

사례 분석 ②: K-GAAP vs K-IFRS

한국의 비상장사는 회계기준으로 K-GAAP(일반기업회계기준)과 K-IFRS(한국채택국제회계기준) 중 하나를 선택하여 적용할 수 있고(대부분의 경우 K-GAAP), 상장사나 상장을 앞둔 비상장사는 K-IFRS를 적용해야 한다. K-GAAP은 규칙주의, K-IFRS는 원칙주의라는 대전제 하에서 두 회계정책은 회계처리와 공시 방식에 많은 차이점이 존재한다. 갑자기 왜 회계에 관련된 이야기를 하는지 당황스럽겠지만, 중요하지 않아 보이는 회계정책의 차이가 투자의 성패를 가르기도 한다.

스마일게이트RPG(이하 '스마일게이트')는 로스트아크라는 대표 게임을 가지고 있는 게임회사로, 2023년 기준 5,240억 원의 매출과 2,690억 원의 영업이익을 기록했다. 실적은 로스트아크가 견인한 것이었는데, 2019년에 이 게임이 출시되기 전까지는 지속적인 적자를 기록해왔다. 신약개발 바이오 회사와 같이 게임 개발에 막대한 자금을 사용하고, 성공한 게임에 대해 매우 높은 마진을 남기는 구조라고 볼 수 있다. 이런 비즈니스모델을 가진 기업들의 경우 잭팟을 터뜨리기 전에는 재무구조가 열악해 자금 조달이 어려우니, 메자닌을 활용하는 경우가 많다. 2017년 스마일게이트도 200억 원 규모의 CB를 발행했고 (2019년 이중 30%를 상환하여 잔여금액은 140억 원) 라이노스자산운용이 이에 투자했는데, 내용이 다소 복잡했다.

통상 전환권 행사는 시간의 경과에 따라 가능하게 해놓는 경우가 많은데, 해당 CB의 경우 스마일게이트가 IPO를 위해 상장 예비 심사 청구서를 제출하고 거래소로부터 승인을 받은 다음 날부터 전환권을 행사할 수 있다는 조건이 있었다. 전환권 행사에도 IPO 조건을 명시한 것이다.

또한 CB 만기 직전 사업연도의 당기순이익이 120억 원 이상일 경우, 스마일게이트가 IPO를 추진해야 한다는 내용도 있었다. (2017년 스마일게이트가 35억 원의 매출과 273억 원의 영업손실을 기록했음을 고려할 때, 120억 원이라는 구체적인 수치가 어떤 근거로 책정됐는지 궁금하다.)

이후 일어난 일을 알기 위해서는 먼저 약간의 회계지식이 필요하다. CB의 회계처리는 다음 과정을 거친다. 먼저, 액면이자와 원금을 시장 할인율로 할인한 현재가치를 구한다. 그리고 계산한 현재가치 금액은 일반사채 회계처리와 동일하게 시장 할인율에 따라 상각한다. 마지막으로, 발행금액과 현재가치 금액의 차이를 전환권대가로 재무상태표에 기록한다. (상환할증금 개념은 제외)

예를 들어 만기가 1년, 액면금액이 10,000원인 CB를 발행했고 액면이자율이 10%, 시장 할인율도 10%라면 CB의 현재가치 금액은 10,000원이 된다. 그런데 이를 시장에서 11,000원에 발행했다면 1,000원만큼이 전환권대가가 된다. 여기서 이 전환권 대가를 부채로 기록해야 하는지 자본으로 기록해야 하는지가 회계기준에 따라 달라진다.

일단 기본적으로 K-GAAP 하에서는 전환권대가를 자본으로 기록해야 하며, K-IFRS 하에서는 부채로 기록해야 한다. 물론 리픽싱 조항이 없으면 K-IFRS에서도 자본으로 분류할 수 있으나, CB에는 보통 리픽싱 조항이 있기에 대부분의 경우 전환권대가는 부채로 분류하는 것이 적절하다. 스마일게이트는 비상장사로서 그동안 K-GAAP을 적용해왔기 때문에, 전환권대가를 자본으로 분류해왔다.

그러나 2022년 스마일게이트가 회계기준을 K-GAAP에서 K-IFRS로 바꾸며 문제가 생겼다. 앞서 언급했듯, 비상장사는 두 회계기준 중 하나를 선택할 수 있지만, 상장사와 상장을 앞둔 비상장사는 K-IFRS를 적용해야 한다. 스마일게이트 또한 상장을 추진하며 K-IFRS 지정 감사를 받은 것이었다. 회계기준이 바뀌면서 스마일게이트는 그동안 자본으로 분류해왔던 전환권대가를 부채로 재분류해야 했다.

자본은 자산에서 부채를 차감한 잔여금액으로, 측정의 대상이 아니다. 자산과 부채를 측정한 후 자산에서 부채를 차감한 금액이 자본이 된다. 따라서 자본으로 분류하던 전환권대가를 부채로 재분류하면, 그 순간 전환권대가의 공정 가치를 측정해 반영해야 한다. 그런데, 주가가 오르면 전환권대가의 공정가치 또한 상승하게 된다. 전환권대가는 채권을 주식으로 전환할 수 있는 권리의 가치를 의미하고, 주가가 전환가액을 초과할수록 해당 권리의 내재가치가 커지기 때문이다.

당시 스마일게이트는 로스트아크의 흥행에 힘힙어 2017년에 비해 실적이 크게 개선되었고, 이에 따라 기업가치도 큰 폭으로 상승한 상황이었다. 이는 전환권대가의 공정가치도 투자 시점에 비해 크게 상승했다는 뜻이다. 그 결과, 스마일게이트는 재무상태표에는 5천억 원이 넘는 금융부채를, 손익계산서에는 5천억 원이 넘는 파생상품평가손실을 인식했다.

이제 다시 CB로 돌아가보자. 전환권의 행사 조건은 스마일게이트의 상장 예비 심사 청구서가 거래소에 의해 승인되는 것이었고, CB 만기 직전 사업연도의 당기순이익이 120억 원 이상일 경우 스마일게이트는 IPO를 추진해야 했다. CB의 만기가 2023년 12월이었기에 직전 사업연도는 2022년을 의미했다. 스마일게이트는 2021년에는 3,060억 원의 영업이익과 2,290억 원의 당기순이익을 기록했으나, 2022년에는 3,640억 원의 영업이익에도 불구하고 파생상품평가손실의 영향으로 당기순손실을 기록했다.

라이노스자산운용은 현금 유출입이 없는 장부 상의 손실이니 약속대로 IPO를 추진해야 한다고 주장했지만, 스마일게이트는 계약조건을 들며 IPO에 나서지 않았고, 1년이 지나 만기일이 도래했다. 스마일게이트는 라이노스자산운용에 3.5%의 이자율을 적용해 CB를 상환하겠다고 전달했으나, 라이노스자산운용은 이를 받아들이지 않고 소송을 제기했다.

개인적인 견해로는, 언론에 공개된 내용이 사실이며 그것이 계약의 전부라면 피고 측의 승소에 무게를 둘 수밖에 없다고 본다. 결국 스마일게이트가 IPO를 추진해야 한다는 조건은 120억 원 이상의 당기순이익이었고, 공시된 재무제표를 기준으로 판단하는 편이 합리적이기 때문이다.

물론 라이노스자산운용의 입장이 충분히 이해되지 않는 것은 아니다. 회계기준을 변경하며 한 회계연도에만 인식되는 손실로 인해 성공적으로 투자를 마무리할 수 없게 되었기 때문이다. 전환권대가의 공정가치를 계산할 때 사용한 가정과 이익 레벨을 고려했을 때 CB 전환에 따른 지분가치는 최소 4,000억 원이 넘었을 것으로 예상된다. 하지만 3.5%의 이자율을 적용해 상환 받는 경우 회수하는 금액은 170억 원 수준에 불과하다. 게다가 만기가 지나 전환가능성이 사라지니 전환권대가가 부채에서 제거되어 2023년 스마일게이트가 6,550억 원의 당기순이익을 기록했다는 사실은 라이노스자산운용 측에 억울함을 더한다.

사례 분석 ③: GMV, 정의가 문제다

SSG닷컴은 신세계그룹의 정용진 회장이 '한국판 아마존'을 만들겠다며 런칭한 온라인 쇼핑몰로, 2018년 이마트가 이마트몰을 물적분할한 후 신세계의 신세계몰을 흡수합병하며 신설 법인으로 출범했다. 이때, 어피너티에쿼티파트너스와 BRV캐피탈이 FI로 들어왔고, 2019년 7천억 원, 2022년 3천억 원을 투자해 지분 30%를 확보하게 되었다.

이번 역시 FI는 신세계그룹과 주주간계약을 맺었는데, 신세계그룹 대상 풋옵션이었으며 조건은 두 가지였다. 두 조건 모두 2023 사업연도를 기준으로 충족 여부를 따지는 것이었고, 첫 번째는 IPO 가능 요건 충족, 두 번째는 GMV 요건 충족이었다. 이처럼 재무적, 사업적 요건을 다는 경우도 많은데, 경영권을 쥐고 있지 않은 투자자가 대주주로 하여금 방만하게 경영하지 않도록 압박을 주는 용도라고 해석할 수 있다.

지금이야 쿠팡이 국내 이커머스 시장의 절대적 강자로 자리 잡았지만 당시에는 그렇지 않았다. 2019년 이커머스 시장은 네이버(16.7%)가 1위, 그 뒤를 이베이코리아(13.5%, 현 'G마켓'으로 현 최대주는 신세계)와 쿠팡(9.5%)이 이어갔다. SSG닷컴의 시장점유율은 3% 미만이었지만 전국에 오프라인 매장을 가지고 있는 몇 안 되는 플레이어라는 매력이 있었다. 실제로 당시 애널리스트들은 장기적으로 이커머스 시장이 포화 상태가 되고 성장이 둔화된다면 오프라인 매장을 가지고 있는 플레이어가 승리할 것이라는 전망을 내놓았다.

물론 경쟁심화에서 확장하는 국면이었기에 SSG닷컴의 실적이 매력적이지는 않았지만, 단기적으로 이익을 내는 것이 중요하지는 않았다. 왜냐하면 SSG닷컴 같은 이커머스, 플랫폼 기업은 사용자를 늘려 시장지배력을 공고히 한 후, 이익을 창출하는 순서로 성장하기 때문이다.

하지만 이제 모두가 알고 있듯, SSG닷컴은 계획대로 성장하지 못했다. 신세계그룹은 2021년 온라인 쇼핑몰인 W컨셉코리아와 이베이코리아(현 'G마켓')를 추가적으로 인수하기까지 하며 이커머스를 신성장 동력으로 삼고자 하는 모습을 보였으나, 2018년 G마켓 13.5%, SSG닷컴 2.8%로 16.3%를 기록했던 합산 시장점유율은 2022년 11.5%로 4.8%p가량 떨어졌다. 시장 상황의 악화까지 겹치며 IPO 또한 당연히 실패했다. 이처럼 상황이 예상과 다르게 전개되면, 문제는 피할 수 없이 발생하게 된다.

문제는 신세계의 2023년 사업보고서에서 본격화됐다. 신세계가 2022년까지 부채로 계상되어 있던 SSG닷컴 풋옵션 관련 부채를 환입하고, IPO 가능 요건 및 GMV 요건이 충족되었다고 공시한 것이다. IPO 가능 요건 충족 여부에 대해서도 의견이 엇갈렸지만, 양측은 GMV 요건에 두고 더욱 치열하게 맞섰다. 계약상 풋옵션을 행사할 수 있는 GMV 기준은 5조 1,600억 원이었는데, 신세계 측은 SSG닷컴의 2023년 GMV가 이를 넘긴 5조 7천억 원을 달성했다고 주장한 반면 FI는 GMV가 기준에 미치지 못했다고 주장한 것이다.

GMV$^{Gross\ Merchandise\ Volume}$는 특정 기간 동안의 총거래액을 의미한다. 언뜻 보기에는 총거래액을 계산하는 방식에 큰 차이가 있을 것 같지 않다. 하지만 문제는 '상품권'이었다. 고객이 플랫폼 내에서 상품권을 구매하고, 이후 그 상품권으로 상품을 결제했다면, 총거래액을 어떻게 계산할 것인지는 관점에 따라 달라질 수 있다. 고객이 지불한 총금액이 될 수도 있고 상품권 판매 금액, 상품 판매 금액이 모두 더해질 수도 있기 때문이다.

개인적으로 중복 계산은 GMV의 정의나 그 본래 의도와는 맞지 않는다고 생각하지만, 업계에서는 관행적으로 중복 계산해왔다고 한다. 이커머스 기업의 기업가치는 GMV를 기반으로 산정되는 경우가 많기에 기업가치를 끌어올리기 위해 하는 행동일 것이다.

분쟁이 수면 위로 드러난 시기는 2024년 3월, 해결된 시기는 그해 6월이었다. 신세계 측이 풋옵션을 수용하는 대신, 연말까지 지분 매각자를 직접 찾아주겠다고 나선 것이다. 이후 2024년 11월, FI는 신세계 측이 지정한 KDB산업은행, 신한은행, NH투자증권 등에게 지분을 1조 1,500억 원에 넘겼다. 은행과 증권사가 새로운 투자자인 것으로 보아 신세계그룹은 그동안 거래를 해온 금융기관에게 지분 매입을 부탁한 모양새고, FI 측은 3~4%의 IRR로 딜을 마무리한 만큼 만족스럽지 못할 듯한데, 그럼에도 불구하고 다른 사례와 달리 법적 공방 없이 분쟁이 비교적 빠르게 마무리된 이유는 무엇일까?

첫째, 신세계 측이 내부적으로 패소할 확률이 높다고 판단했을 것으로 보인다. 승소할 확률이 높다고 판단했다면, 급한 쪽은 FI인 만큼 법적 공방으로 이어가지 않을 이유가 없기 때문이다. 정확히 알려진 바는 없지만, 주주간계약 상 GMV는 실질거래만 계산한다는 조항이 포함됐다는 주장도 있다.

신세계그룹이 IPO 가능 요건과 GMV 요건 중 어떤 부분에서 불리하다고 판단했는지는 알 수 없지만, 법적 공방이 이뤄진 후 최종적으로 패소하는 경우 FI 측의 지분을 매입해야 할 뿐 아니라 지연

이자까지 지급해야 하기 때문에 승소 가능성이 높지 않다면 분쟁을 장기화하는 것이 손해라고 판단했을 것이다.

둘째, FI 입장에서 법적 공방을 이어가는 것은 절대적으로 손해다. 기본적으로 재판은 긴 시간이 소요되는데, GMV의 정의를 다룬 판례가 없기에 오랜 시간이 걸릴 것이 분명했기 때문이다. 설사 승소한다 하더라도 자금은 투자 당시 예상 엑싯 시점보다 훨씬 오래 묶여 있게 되고, 지연이자는 PE의 목표 수익률 관점에서 만족스럽지 못할 확률이 높다. 만에 하나 패소한다면 이는 LP의 PE에 대한 신뢰도를 바닥으로 떨어뜨리는 결과를 낳게 된다.

즉, FI는 승소 가능성이 높다 하더라도, 합의가 가능하다면 분쟁을 계속 끌고 가기보다는 조속히 마무리하는 편이 나을 수 있다. 더군다나 어피너티에쿼티파트너스는 이미 교보생명의 풋옵션 관련 분쟁에도 골머리를 앓고 잇는 상황이었다. 이런 상황에서 추가적인 법적 분쟁까지 감당하는 것은 어렵다고 판단했을 것이다.

앞서 언급했듯, 투자 시점에는 양측 모두 기업가치가 상승하는 미래를 꿈꾸며 같은 이해관계를 가지고 주주간계약을 맺지만, 예측과 미래가 달라지며 양측의 이해관계 또한 달라진다. 그리고 그로쓰 딜에 참여한 PE는 경영권이 없는 만큼 분쟁에 끌려다니는 모습을 보일 확률이 높다.

DICC 사례를 보면, 2015년에 시작된 분쟁이 2021년에 들어서야 비로소 마무리되었다. 투자 시점이 2011년이었으니, 결과를 받기까지 무려 10년이 걸린 셈이다. 앞서 1장에서 IRR은 MOIC와 투자기간으로 인해 결정된다고 설명했는데, 소송은 투자기간을 늘리며 IRR을 낮추게 된다. 설령 승소하더라도 지연이자는 PE 입장에서 만족스럽지 못한 수익률이기에 IRR에는 부정적인 영향을 미칠 수밖에 없다.

그래도 그나마 승소하면 다행이지, 긴 소송 끝에 패소하게 되는 경우 다른 포트폴리오와 무방하게 펀드 전체의 IRR이 대폭 낮아진다. 결국 분쟁은 사전에 예방하고, 최대한 피하는 것이 상책이다. 어피너티에쿼티파트너스와 BRV캐피탈이 낮은 IRR에도 불구하고 합의안을 받아들인 데에는 그만한 이유가 있었던 것이다.

물론 최선의 방법은 좋은 산업에 속한 좋은 기업에 좋은 가격으로 투자함으로써 애초에 분쟁이 발생할 여지를 원천 차단하는 것이다. 하지만 언제나 성공적인 투자만 할 수는 없지 않은가? 그렇기에 투자 시점에 발생할 수 있는 모든 경우의 수를 꼼꼼히 검토하는 노력이 필요하다.

말처럼 쉬운 일은 아니다. 가장 흔히 사용되는 조항인 IPO에서조차 많은 분쟁이 발생하는데, 재무적, 사업적 조건을 다루는 경우는 말할 것도 없기 때문이다. 회계기준에 따라 순이익이 수천억 원이나 차이 날지 그 누가 알았겠으며, 혹은 상품권이라는 요소로 인해 같은 지표에 대한 계산 결과가 수천억 원 차이로 벌어질 수 있다는 사실을 누가 예측할 수 있었겠는가.

그럼에도 불구하고, 모든 결론은 숫자로 나타난다. 회계기준에 따라 변동성이 큰 순이익 대신 영업이익을 사용하든, 어떤 회계기준을 사용할지를 명시하든, GMV 대신 회계기준 상 기준이 정확한 매출을 사용하든, IPO가 완료되어 있어야 한다고 명시하는 등, 분쟁의 소지를 사전에 차단할 수 있는 장치가 필요하지 않을까. 딜소싱부터 엑싯까지, 5년에서 길게는 10년 이상의 시간을 들여 쌓아올린 노력이 계약서 속 몇 줄로 인해 물거품이 되어버리는 상황은, 어느 누구에게도 억울하지 않을 수 없다.

제4장

바이아웃
- 기업가치 제고

기업가치를 올리다?
기업가치 제고 전략 1) 인력 투입 및 이해관계 일치
사례 분석 ①: 네트워크에 기반한 인력 투입
사례 분석 ②: 구성원의 이해관계 일치
기업가치 제고 전략 2) 비효율성 제거
사례 분석 ③: 덜어내기의 미학
기업가치 제고 전략 3) 볼트온
사례 분석 ④: 뭉치면 살고, 흩어지면 죽는다
기업가치 제고 전략 4) 수익 구조 전환
사례 분석 ⑤: 판매에서 렌탈로, QoE 개선
사례 분석 ⑥: 본사도 포기한 프랜차이즈를 살린 PE
기업가치 제고 전략 5) 자금 투입
사례 분석 ⑦: 자금력에 기반한 과감한 베팅

• 04 •

바이아웃
- 기업가치 제고

제이앤PE나 도미누스인베스트먼트와 같이 그로쓰 딜에만 집중하는 PE도 있지만, PE의 전통적인 투자 영역은 경영권 인수, 바이아웃이다. 많은 PE가 자신을 바이아웃 전문 PEF 운용사라고 소개하며 바이아웃에 집중하겠다는 전략을 내세운다.

물론 주식투자에서도, 그로쓰 투자에서도, 바이아웃에서도 보유한 자산의 가치가 오르면 수익을 내는 것은 맞다. 하지만 바이아웃 딜에서는 PE가 기업의 경영권을 가지게 되는 만큼, 가치가 '오르면'이라는 표현보다는 가치를 '올린다'라는 표현이 더 어울린다.

기업가치를 올리다?

본격적인 내용으로 들어가기 전, 원활한 논의를 위해 여기서 말하는 가치가 무엇인지 명확히 짚고 넘어갈 필요가 있다. PE는 어떤 기준으로 기업의 가치를 평가하고, 왜 그 기준이 중요할까?

기업의 가치에는 두 종류가 있는데, **지분가치**$^{Equity\ Value}$와 **기업가치**$^{EV,\ Enterprise\ Value}$다. 먼저 지분가치는 시가총액으로 주가에 주식수를 곱한 값이고, '순이익 x PER'로 표현된다. 순이익이 채권자 몫인 이자비용과 정부 몫인 세금을 제하고 남은 주주 몫인 것처럼, 지분가치는 주주 입장에서 기업의 가치이기에 주식투자 시 가치의 기준이 된다.

기업가치는 지분가치에 순차입금(차입금 - 현금)을 더하여 계산되고, 'EBITDA x EV/EBITDA'로 표현되는데, 주식투자가 아닌 M&A 관점에서 기업을 바라보는 PE는 기업가치를 가치의 기준으로 사용한다. 왜 M&A 관점에서는 기업가치가 더 유용할까?

이는 기업가치가 기업을 통째로 인수할 때 필요한 총 자금을 의미하기 때문이다. 예를 들어, A가 B의 지분 100%를 인수한다고 가정하자. 이때 B의 지분가치가 100, 차입금이 50, 현금이 30이라면 순차입금은 20이 되고, 기업가치는 120이 된다. A가 지분 인수에 지급하는 대가는 100이지만, 실질적으로는 50의 차입금 상환 의무까지 떠안고, 30의 현금을 확보하게 되기에, 총 인수 비용인 기업가치(120)를 기준으로 기업을 평가하는 것이 더 합리적인 것이다. 실제로 대부분의 M&A 관련 기사에서 거래 규모를 지분가치로 표현하지만, M&A 전문 매체에서는 기업가치를 기준으로 보도하는 경우도 많다.

또한 기업가치를 순이익이 아니라 EBITDA와 비교하는 이유는 두 지표를 해석해보면 알 수 있다. 기업가치는 기업의 전체 가치를 나타내지만, 실질적으로는 영업자산 중심의 가치, 즉 핵심 운영가치에 가까운 지표다. 기업이 보유한 현금은 핵심 영업활동에서 창출한 가치라기보다 비영업자산으로 볼 수 있어, 기업가치는 결국 영업가치만 반영하는 지표가 된다. (이를 위해 비영업자산을 모두 차감하기도 한다.)

EBITDA는 기업의 핵심 영업활동에서 벌어들이는 현금창출능력을 나타내는 지표로 이자비용^{Interest}, 세금^{Tax}, 감가상각비^{Depreciation}, 무형자산상각비^{Amortization} 차감 전^{Before} 이익^{Earning}이다. 기업가치가 채권자 몫까지 포함한 기업의 영업가치를 나타내는 개념인 만큼, 이를 비교할 지표도 주주 몫인 순이익이 아니라 영업활동에서 발생하는 현금흐름을 기반으로 한 EBITDA를 사용하는 것이 논리적으로 적절한 것이다. EV와 EBITDA에 대한 개념은 5장에서 더 자세히 다뤄질 예정이니, 이 부분을 잘 기억해두도록 하자.

다시 처음으로 돌아가보자. PE의 관점에서 기업가치를 높이기 위해서는 두 가지 방법이 있다. 하나는 EBITDA를 높이는 것이고, 다른 하나는 EV/EBITDA, 즉 멀티플을 높이는 것이다. 이 중 EBITDA는 '매출 × EBITDA 마진'으로 계산되므로, 매출이 증가하거나 마진이 개선되는 등 실질적인 오퍼레이션 측면에서 변화가 있어야 한다.

그리고 EV/ETBIDA, 즉 멀티플(PER, EV/EBITDA, PBR 등)은

기업의 미래 이익에 대한 시장의 기대감, 시장의 유동성 등을 반영한다. 시장을 함부로 예측하지 말라는 말처럼, 3~5년 뒤, 매각시점에 시장이 어느 수준의 멀티플을 부여할지는 알 수 없다. 그렇기에 멀티플로 인한 기업가치의 상승은 적정보다 낮은 멀티플 수준에서 기업을 인수하거나, 기업의 미래 이익에 대한 기대감을 긍정적으로 변화시키거나, 시장의 유동성이 확대될 때까지 기다림으로써 노릴 수 있는 방식이다.

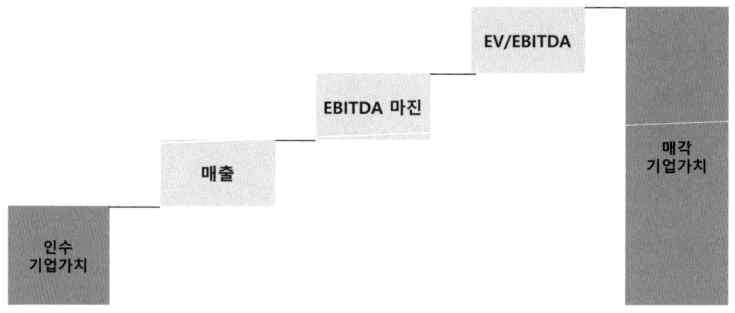

하지만 낮은 멀티플에 인수하는, 즉 단순히 싸게 사는 전략은 과거에 비해 활용하기 어렵다. UCK파트너스 김수민 대표님은 한경의 《PEF썰전 – PE는 어떻게 투자수익을 내는가?》를 통해 "어떻게든 적정가치보다 싼 가격에 회사를 인수하면 특별히 아무것도 하지 않아도 몇 년 후에 더 비싸게 팔 수 있다는 말을 하면 타임머신을 타고 온 원시인 취급을 받을 수도 있습니다."라고 언급하기까지 했다.

여기에는 두 가지 이유가 있다. 첫째는, 경쟁이 심화되었기 때문이다. PE 산업은 지속적으로 연평균 두 자릿수의 성장률을 보이며 비약적인 발전을 이뤄왔고, 산업의 성장은 항상 경쟁의 심화를 불러오기 마련이다. 이제 매력적인 회사가 매물로 나오면 수많은 FI와 SI가 달라붙어 비딩^{Bidding}(입찰)에 참여하고, 경쟁이 치열해질수록 인수가격은 점점 가치에 수렴하거나 가치 이상으로 올라갈 수밖에 없다. 결과적으로, 주식시장이 대체로 효율적으로 작동하듯, PE 시장 역시 경쟁을 통해 점차 효율성을 갖춰가고 있는 셈이다.

두 번째 이유는 정보 비대칭성이 약화되었기 때문이다. 인터넷의 발전과 거래 데이터의 축적은 일정 수준의 이익과 매력도를 가진 기업에 대해 참여자들이 어느 수준의 멀티플을 부여해야 하는지 알 수 있게 했다. 또한 기업의 공시 의무 확대, IB·컨설팅펌·회계법인의 자문 및 실사 강화 등도 더해지면서, 이제는 적정가치 범위를 벗어난 거래가 이루어지기 어려운 환경이 되었다.

또한, 경쟁의 심화와 정보 비대칭성의 약화는 언론에서 PE를 비난하는 'PE가 인수하면 비용 절감과 구조조정으로 기업을 망쳐놓는다'라는 말이 모순임을 시사한다. 결국 매각 시 높은 기업가치를 인정받아야 하는데, 단순히 비용을 줄이고 인력 구조조정이나 자산 매각을 통해 단기적인 재무 개선을 꾀하는 방식으로는 요즘처럼 경쟁이 치열하고 실사가 철저한 환경에서는 오히려 높은 기업가치 평가를 받기 어렵기 때문이다.

결론적으로, 단순히 싸게 사서 멀티플을 올리는 투자나 무조건적인 비용 절감에만 의존해서는 더 이상 성공적인 투자를 기대하기 어렵다. 따라서 바이아웃으로 이익을 창출하기 위해서는 경영을 통한 진정한 의미의 기업가치 제고가 필요하다.

기업가치 제고 전략 1) 인력 투입 및 이해관계 일치

M&A 이후 모든 기업은 PMI 전략을 실행하게 되는데, PMI[Post Merger Integration, 인수 후 통합]는 M&A 이후 이질적인 두 조직의 인사, 프로세스, 시스템 등을 조화롭게 통합하여 시너지를 극대화하는 작업으로, 기업가치 상승의 기반을 다지는 핵심 절차라 할 수 있다. PMI의 성패가 기업가치로 직결되어 투자의 성패를 결정하는 만큼, 바이아웃에서 가장 중요한 역량은 PMI라 할 수 있다.

인력 투입은 PE가 기업을 인수한 후 공통적으로 실행하는 첫 번째 PMI 전략으로, 전문경영인을 필두로 C레벨(CEO, CFO 등)을 영입하거나, PE 내부 인력을 포함해 이사회를 재구성하는 등의 과정이다. 일반 직원 구성에는 큰 변화가 없더라도, 핵심 리더를 새로 영입해 일상적인 경영을 위임하고, 주요 의사결정에는 PE가 직접 관여하는 구조로 전환된다.

PE의 운용역은 일반적으로 투자은행, 회계법인, 컨설팅펌 출신으로 구성되어 있으며, 재무·회계·전략 분야의 전문가들이다. 반면 PE가 인수하는 기업이 속한 산업은 매우 다양하며, 특정 산업에 특화된 전문가가 팀에 있는 경우는 드물다. 그렇기에, PE는 직접 세부적인 의사결정을 내리기보다는 엑싯 시점까지 큰 틀에서의 기업가치 제고 전략을 수립하고, 영입한 인력과 기존 조직이 세부적인 의사결정과 전략의 실제 실행을 맡게 된다.

예를 들어, 기술 이해도가 핵심인 B2B 제조기업의 경우, 해당 분야에서 수년간 기술 개발과 고객사 대응 경험이 있는 인물을 영입하고, 만약 내수 중심의 기업이 해외 고객사로 확장해 나가는 단계라면, 해외 법인에서 근무한 경험이 있고 관련 네트워크가 풍부한 인재를 영입하는 식이다. 경쟁력 확보를 위해 경쟁사 출신 임원이나 대표를 영입하기도 한다.

특히 기존 기업이 오너 경영 체제였다면, 조직은 관성에 빠지고 내부 인맥 중심의 문화가 고착되어 있을 가능성이 크다. 또한, 오너 경영인은 보통 10년 이상 장기적인 시계를 갖고 회사를 운영하기 때문에, 단기적인 성과보다는 보수적이고 안정적인 경영에 무게를 둔다. 반면 PE는 3~5년 내에 기업가치를 빠르게 끌어올리는 것을 목표로 하기에, 해당 기간 내 PE가 선택한 전략으로 기업가치를 제고할 인력이 필요하다. 이러한 인력은 기존 조직에 신선한 자극을 주고, 변화의 동력을 불어넣는다. 단지 사람을 바꾸는 것만으로도 조직 전체에 환기가 일어나며, 전략 실행과 성과 창출의 속도는 눈에 띄게 달라질 수 있다.

하지만 기업 구성원들의 역량이 아무리 뛰어나더라도, 서로의 이해관계가 엇갈린다면 최상의 결과를 만들어내기 어렵다. 야근을 마다하지 않고 결과를 만들어내며, 직원 다수가 슈퍼카를 몰고 다닌다는 엔비디아를 보면, 마치 모두가 하나의 목표만을 보고 달려가는 초기 스타트업의 모습이 떠오른다. ESG의 'G', 지배구조도 궁극적으로는 이해관계의 일치를 일궈내기 위해 중요한 요소다. 결국, 인력 투입과 함께 필수적으로 행해져야 하는 전략은 인센티브 구조 설계다.

인센티브 구조 설계는 PE에게 특히 더 중요하다. 전문경영인이 기업의 성장보다는 자신의 안위와 사익에 더 집중한다면 기업가치를 제고하기는 힘들어지고, 직원들은 PE가 경영권을 인수하는 것에 대해 자신들이 비용절감의 대상이 되지는 않을지 우려를 표하며 변화에 거부감을 드러내기도 하기 때문이다. 따라서 PMI에 있어 무엇보다 우선시되어야 하는 것은 핵심 인력의 적절한 투입, 그리고 그에 뒤따르는 인센티브 구조 설계를 통한 이해관계의 일치다. 이 두 가지가 맞물려야 조직 전체가 같은 방향으로 움직이며 실질적인 기업가치 제고로 이어질 수 있다.

사례 분석 ①: 네트워크에 기반한 인력 투입

코웰이홀딩스는 한국·홍콩·중국에 자회사를 둔 휴대폰 카메라모듈 제조사였다. 스마트폰은 2000년대 후반 본격적으로 보급되었는데, 카메라모듈은 스마트폰의 필수부품이기에 시장 성장에 따라 수혜를 받고 있었다. 코웰이홀딩스의 주요 매출처에는 LG전자, 폭스콘 등이 있었고, 세계 1위 EMS$^{\text{Electronics Manufacturing Service}}$ 업체인 폭스콘으로의 판매는 결국 탑티어 스마트폰 플레이어로의 판매를 뜻했다.

사실 코웰이홀딩스가 휴대폰 카메라모듈 시장에서 대단한 경쟁력을 가지고 있거나, 점유율이 높은 건 아니었다. 하지만 지금도 그렇듯 스마트폰 제조업체들은 원가절감을 위해 다벤더 전략을 취하는 상황이었고, 특별한 시장점유율의 증가 없이도 스마트폰 보급 확대에 따라 실적은 비교적 안정적으로 성장하고 있었다.

코웰이홀딩스는 2008년 1월 코스닥 시장에 상장했다. 그런데 2011년 3월, 중국고섬공고유한공사가 코스닥 시장에 상장한 지 두 달 만에 2,000억 원 규모의 분식회계 논란을 일으키면서, 주요 생산시설이 중국과 홍콩에 위치한 코웰이홀딩스의 주가 또한 곤두박질쳤다. 단지 '중국 기업'이라는 이유만으로 타격을 입은 것이다. 다시 말해, 펀더멘탈과는 무관하게 주가가 급락한 상황이었고, 한앤컴퍼니는 이 기회를 놓치지 않았다.

한앤컴퍼니는 2011년 8월, 곽정환 회장의 지분 매입과 공개매수를 통해 지분 50%를 약 900억 원에 확보한 뒤 코웰이홀딩스의 상장폐지를 진행했다. 나머지 지분 50%는 곽정환 회장이 그대로 보유하고 한앤컴퍼니와 공동경영으로 코웰이홀딩스를 이끌게 되는 구조였다.

한앤컴퍼니는 인수 직후 이사회를 재구성하며 인력 투입을 본격화했다. 기존 회장과 공동으로 경영하는 구조였기에 대표는 유지되었지만, 이사회에는 총 5명의 신규 인사가 선임되었다. 내부 인사로는 한상원 대표, 윤여을 회장, 경영위원 케이 코데라가 이사회에 합류했고, 외부 인사로는 김현욱 이사와 쿠보타 유키오 이사가 선임되었다. 주목할 점은 이들 중 세 명이 모두 소니 출신으로, 전자 산업 분야에서 풍부한 경영 경험을 갖춘 전문가들이었다는 점이다.

한앤컴퍼니는 2010년 한상원 대표와 윤여을 회장이 설립한 PE

다. 한상원 대표는 글로벌 투자은행 모건스탠리에서 15년간 근무했으며, 그중 10년은 모건스탠리PE에서 활동한 투자 전문가다. 윤여을 회장은 21년간 소니에서 근무하며, 소니코리아 대표를 5년간 역임한 경영 전문가다. 각자 투자와 경영 분야에서 최고의 경력을 쌓아온 만큼, 한상원 대표는 투자 부문을, 윤여을 회장은 경영 부문을 맡아 역할을 분담하고 있다. 이들은 업계에서 쌓은 폭넓은 네트워크를 기반으로, 항상 업계 최고라 불리는 이들을 포트폴리오사의 인력으로 영입하는 모습을 보인다.

케이 코데라 이사는 글로벌 장난감 기업 토이저러스와 소니아시아의 대표를 지냈고, 쿠보타 유키오 이사는 휴대폰 제조 및 판매를 담당한 소니에릭슨 일본 대표를 지냈다. 전자산업을 대표하는 소니 계열사의 수장이었던 인물들이 셋이나 이사회에 합류한 셈이니, 휴대폰 부품사인 코웰이홀딩스 입장에서는 이보다 더 적합한 인재를 찾기 어려웠을 것이다.

인력 투입은 단순히 이사회 재구성에 그치지 않았다. 휴대폰 카메라모듈을 제작하는 방식은 제조사마다, 고객사마다 다른데, 애플은 당시 시장에서 일반화되지 않았던 플립칩 기술을 사용하고 있었다. 이 기술은 당시 기준으로 희소성이 높았으며, 애플의 벤더로 진입하기 위한 핵심 요건이었다. 윤여을 회장은 삼성테크윈, LG이노텍 등에서 핵심 기술진 10여 명을 직접 스카우트해 오며, 기술 기반의 기업가치 제고에 본격적으로 나섰다. 그 결과, 코웰이홀딩스는 애플의 핵심 벤더로 자리매김하게 되었고, 이후에는 애플이 요청한 카메라모듈 구조를 스스로 개량해 역제안할 수 있을 정도로 기술력을 끌어올리게 되었다.

영입된 인력들의 뛰어난 영업력과 기술력을 바탕으로 코웰이홀딩스의 수주는 빠르게 증가했고, 인수 후 불과 4년 만에 매출과 EBITDA 모두 3배 이상 성장하는 성과를 거두었다. 이후 코웰이홀딩스는 홍콩 증시에 상장해 5천억 원이 넘는 시가총액을 인정받았고, 한앤컴퍼니는 설립 후 첫 투자에서 MOIC 3배 이상, IRR 30% 이상의 성과를 올렸다.

사례 분석 ②: 구성원의 이해관계 일치

코웨이는 웅진그룹이 무리한 사업 확장과 금융위기로 유동성 위기를 겪으면서 매물로 나왔다. 매년 안정적으로 실적이 성장하고, 수천억 원의 현금을 창출해내는 캐시카우였기에, 웅진 입장에서는 어쩔 수 없는 매각이었지만, PE 입장에서는 매우 매력적인 기회였다.

하지만 2012년 코웨이의 EBITDA는 약 4천억 원, 시가총액은 3조 원 수준이었다. 아무리 웅진그룹이 내놓은 지분이 28.4%라고 해도, 1조 원이 넘어가는 규모의 딜이라는 소리다. 10년 이상이 지난 지금도 1조 원 규모의 딜은 주목을 받는데, PEF 제도가 생긴지 채 10년이 되지 않았던 당시에 1조 원짜리 딜에 참여할 수 있는 PE는 거의 없었다. 결국 지금까지도 동북아시아 최대의 PE 자리에 있는 MBK파트너스가 경영권 프리미엄을 포함해 1조 1,900억 원을 지불하며 코웨이를 인수했다.

MBK가 내세운 첫 번째 변화는 KPI였다. KPI^(Key Performance Indicator, 핵심성과지표)는 현재 하는 업무의 목표가 무엇인지, 달성하기 위해서는 어떤 부분에 집중해야 하는지에 대한 이정표를 제공한다. 하지만 단순히 주가 상승, 매출 상승, 이익률 상승 등 개개인 입장에서 와닿지 않는 KPI는 큰 도움이 되지 않는다. 따라서 KPI는 부서별, 팀별, 더 나아가 개인별로 설정되어야 하며, 이는 조직 내 모든 구성원이 하나의 방향을 향해 나아가도록 만드는 이해관계 일치의 핵심 수단이다. 기업가치 제고라는 거시적인 목표를 보다 작은 단위로 쪼개어, 실질적이고 실행 가능한 수준으로 제공하는 것이 바로 이 작업의 본질이다.

MBK는 코웨이 인수가 마무리되기 두 달 전부터 코웨이와 KPI 개편을 위한 TF팀을 구성했다. 이전까지 코웨이에는 제대로 된 KPI가 존재하지 않았고, 실질적으로 업무에 영향을 미치지 않았기 때문이다. 목표를 향해 노력하기보다는 해왔던 대로 일할 수밖에 없는 환경이었다.

실적만 보면 매출은 꾸준히 성장하고 있었지만, 마진이 5%p 이상 하락해 EBITDA가 제자리를 걷고 있었다. 코웨이는 정수기와 공기청정기 등을 가정에 렌탈하는 비즈니스 모델을 기반으로 운영되었기 때문에, 신규 고객을 유치하고 기존 고객의 이탈을 최소화하는 것이 실적 개선의 핵심이었다. 그러나 당시에는 기존 고객의 구독 해지를 효과적으로 방지하지 못했고, 이는 실적이 정체되는 주요 원인으로 작용했다.

코웨이 IS					
단위: 십억원	2010A	2011A	2012A	2013A	2014A
매출액	1,583.9	1,824.4	1,992.8	2,118.3	2,160.3
% yoy		15.2%	9.2%	6.3%	2.0%
매출총이익	1,073.0	1,243.5	1,314.5	1,397.4	1,433.7
% gpm	67.7%	68.2%	66.0%	66.0%	66.4%
영업이익	250.0	234.7	226.1	339.0	364.4
% opm	15.8%	12.9%	11.3%	16.0%	16.9%
당기순이익	167.1	167.1	94.0	245.1	250.0
% npm	10.5%	9.2%	4.7%	11.6%	11.6%
EBITDA	401.8	386.5	401.6	529.6	570.1
% margin	25.4%	21.2%	20.2%	25.0%	26.4%

이에 대한 근본적인 원인이 KPI에 있었다. 방문판매가 주류였던 과거에는 외형 성장을 위해 영업사원의 역할이 중요했는데, 이들의 성과 지표로 판매량을 사용하고 있던 것이다. 영업사원 입장에서는 고객이 한달 뒤에 구독을 해지해도 성과는 좋은 것처럼 보이기에 더 많은 혜택을 제공해 신규 고객을 늘려가는 데에 치중할 수밖에 없었다. 매출이 잘 늘어나도 사실은 마진이 낮은 매출, 의미 없는 매출만 늘어난 것이었다. 이를 해결하기 위해 MBK는 영업사원의 KPI에 렌탈 순증 지표(신규 - 해지)를 새로 도입했다.

렌탈 해지 고객이 성과에 부정적으로 반영되자, 영업사원들은 기존 고객의 이탈을 방지하기 위해서도 적극적으로 노력하기 시작했다. 당연히 신규 고객을 늘리는 속도는 과거보다 느릴 수밖에 없지만, 코웨이 입장에서 설치 비용과 기회비용을 고려했을 때, 몇 달 내에 구독을 해지할 고객 여러 명을 확보하는 것보다 장기간 구독을 유지할 고객 소수를 확보하는 편이 훨씬 이득이었다.

이러한 변화는 실적에도 즉각적으로 반영됐다. 구독 해지에 따라 발생하는 손실인 '렌탈자산폐기손실'이 이듬해 210억 원 감소한 것이다. 뿐만 아니라, 다른 부문에도 적절한 KPI를 도입하자 누적되어 있던 비효율성이 개선되었고, 그동안 지속적으로 하락하던 이익률 역시 회복세로 전환되었다.

이처럼 KPI는 구성원들에게 확실한 목표를 제공한다. 현재 기업이 겪고 있는 문제가 무엇인지를 정확히 파악하여 나아가야 할 방향을 제시하는 PE의 역할에 있어 KPI가 핵심적인 역할을 할 수 있는 것이다.

하지만 이것만으로는 부족하다. 공부해야 한다는 사실을 알고 있어도, 뚜렷한 동기와 강한 의지가 없다면 결국 침대부터 찾게 되는 것이 인간의 본성이다. KPI 달성에 대한 동기부여가 필요하고, MBK는 성과에 대한 보상 또한 소홀히 하지 않았다.

먼저 경영진에게는 KPI, 실적 달성에 따른 성과연동형 스톡옵션을 부여했다. 2011년 69,000주, 2012년 228,000주 수준으로 부여했던 스톡옵션 수량을 인수 직후인 2013년 1,365,800주로 대폭 늘렸고 이후에도 이전보다 많은 수량이 지급되었다. 스톡옵션은 경영진이 기업가치 제고에 집중할 유인을 제공하며, 이는 주주와 경영진 간의 이해관계를 일치시키는 가장 효과적인 수단이 된다.

직원들에 대한 성과 보상도 확실했다. 경영진과 마찬가지로 KPI, 실적 달성에 따른 보상이 제공되었으며, 이는 성과급 형태로 이루어졌다. 그 결과, 2012년 대비 2014년 전체 직원의 평균 임금은 14% 상승했고, 기본급 대비 평균 120% 수준이던 성과급은 200% 수준까지 확대되었다. 경영진에 비해 이직이 잦고, 회사의 거시적인 방향보다는 맡은 역할에 집중하는 직원에게는 스톡옵션보다 성과급이 더 효과적인 보상 수단일 수 있다. 자신이 이룬 성과에 대해 직접적이고 즉각적인 보상이 주어지기 때문이다.

이러한 명확한 목표 설정과 이해관계 일치에 대한 노력의 결과로 코웨이 주가는 MBK가 경영권을 쥐고 있던 2013~2018년 2배 이상 상승했다. MBK는 2조 원이 넘어가는 지분가치에 대한 부담을 낮추기 위해 두 차례 블록딜을 시행해 지분을 낮췄고, 최종적으로 웅진·스틱인베스트먼트 컨소시엄에 지분을 매각하며 20% 중반의 IRR을 기록했다. 이는 구성원 간 이해관계 일치가 얼마나 중요한지를 잘 보여주는 사례다.

기업가치 제고 전략 2) 비효율성 제거

금융은 자금을 효율적으로 분배하는 역할을 한다. 수익성이 낮은 영역에서 높은 영역으로 자금이 이동하며 자연스럽게 효율성이 높아지고, 이는 사회 전체의 효용을 높이는 결과로 이어진다. PE는 여기서 한 발 더 나아가, 직접 기업 내부의 비효율성을 제거하는 역할을 한다.

한 국내 탑티어 독립계 자산운용사 대표는 "조직은 변화가 없으면 썩는다."라고 말했다. 이 말은 인력 투입을 통한 자극과 혁신의 필요성을 뜻하기도 하지만, 무엇보다도 제3자의 객관적인 시선이 조직에 주는 가치를 강조한 표현이다. 시간이 흐를수록 조직 내부에는 비효율이 쉽게 누적되며, 관성적인 사고방식과 변화에 대한 유인 부족으로 인해 문제를 인식하지 못한 채 방치되는 경우가 많기 때문이다. 실제로 이러한 비효율이 쌓인 기업은, PE 입장에서 오히려 가장 명확한 알파를 실현할 수 있는 기회가 되기도 한다.

 PE는 외부자의 시각으로 경영 전반을 재점검하며, 중복된 기능, 비효율적인 프로세스를 제거함으로써 효율성 개선을 이끈다. 예를 들어, 중복 인력을 정리하거나 밸류체인을 간소화하고, 디지털 툴을 도입해 업무를 자동화하는 방식이다. 또한 수익을 창출하지 못하면서 간접적인 비용만 발생시키는 비핵심 자산을 매각해 기업 전체의 수익성을 높이기도 한다. 올바른 구조조정과 자산 매각은, 부정적인 조치가 아니라 기업의 수익성과 효율성을 높이는 효과적인 전략이다.

 물론 기업가치를 가장 확실하게 제고하는 방법은 매출의 비약적인 상승이다. 영업레버리지(고정비로 인해 매출 상승에 따라 마진도 함께 개선되는 현상)를 고려하면, 매출 증가는 이익의 증폭으로, 이는 다시 높은 성장성을 반영한 멀티플(PER, EV/EBITDA 등)의 부여로 이어져, 기업가치를 가파르게 높이기 때문이다.

 하지만 시장의 성장에 따른 자연스러운 성장을 넘어, 급격하게 매출을 늘리는 일은 쉽지 않다. 다른 시장참여자의 수익을 잠식해야 가능한 일이고, 외부 요인의 영향도 크기 때문이다. 이러한 측면에서, 들어오는 돈(매출)을 늘리기보다는 나가는 돈(비용)을 줄이는 전략이 실현 가능성과 통제 가능성 측면에서 더 효과적인 선택일 수 있다.

비용 절감은 단순히 '지출을 줄이는 것'에 그치지 않는다. 이는 경영 효율성과 생산성을 근본적으로 재구성하는 전략적 접근이다. 특히 3~5년 내에 기업의 체질을 개선하고 EBITDA를 끌어올려야 하는 PE의 특성상, 비효율성 제거를 통한 비용절감은 즉각적인 기업가치 제고 전략이 된다.

사례 분석 ③: 덜어내기의 미학

맘스터치는 2004년 설립되어 해외 업체들 사이에서 독보적인 경쟁력을 보인 국내 토종 햄버거 프랜차이즈로, 케이엘앤파트너스가 2019년 인수한 뒤 2022년 공개매수를 통한 상장폐지를 단행하여, 약 3천억 원으로 지분 100%를 확보했다.

프랜차이즈의 비즈니스모델은 직영점과 가맹점으로 나뉜다. 본사 입장에서 직영점은 직접적인 운영과 통제가 가능하지만 시설투자 등 리스크를 부담해야 하고, 가맹점은 빠른 확장이 가능하고 리스크를 가맹점주에게 전가할 수 있지만 그만큼 가맹점주와의 관계까지 신경 써야 하는 등, 명확한 장단점이 있다. 프랜차이즈마다 집중하는 영역도 다르고, PE가 인수한 후 직영점 모델에서 가맹점 모델로, 혹은 가맹점 모델에서 직영점 모델로 비즈니스모델을 전환하기도 한다.

맘스터치는 초기부터 가맹점 중심의 전략으로 성장해왔다. 경쟁사 대비 낮은 수수료와 높은 운영 자율성을 내세워 가맹점주를 적극 유치했으며, 이에 따라 연 100개 이상의 신규 점포를 출범하기도 하였다. 2019년에는 가맹점이 총 1,243개로, 매장수로는 국내 1~2위를 다투는 수준이었다.

이러한 가맹점의 증가와 함께 매출 또한 연 2~300억 원씩 꾸준히 성장해 2019년에는 2,890억 원, 국내 버거 프랜차이즈 중 4위를 기록했다. 하지만 문제는 수익성이었다. 2016년에 비해 매출은 40% 이상 성장했지만, 이익률이 하락해 이익의 증가는 거의 이루어지지 않았다. 비효율성 제거를 통한 수익성 개선을 중시하는 PE 입장에서, 개선의 여지가 크다고 판단했을 것이다.

케이엘앤파트너스는 인수 직후, 비핵심 자회사부터 매각했는데, 사업 다각화의 산물이었던 세제전문기업 슈가버블, 스마트 기저귀 제조업체 크레이더스 등이 대상이었다. 이처럼 본업과 직접적인 관련이 없고 시너지 창출 가능성이 낮은 사업부는, 오히려 기업의 체질을 개선하기보다 수익성을 갉아먹는 경우가 많기 때문이다. 이후에는 신시장 진출이 시기상조라고 판단해, 적자를 기록 중이던 해외사업부와 온라인몰 사업도 정리했다.

명확한 문제를 제거했으니, 이제 본업을 개선할 차례였다. 맘스터치는 자체 생산공장과 물류센터를 통해 가맹점에 식자재를 공급하고 있었는데, 그간 메뉴가 늘어남에 따라 과거보다 다양한 식자재를 생산·관리·유통해야 했고, 이로 인해 해당 사업부의 수익성이 악화된 상황이었다. 인기가 없는 메뉴라 하더라도 최소 재고는 보유해야 했으며, 이는 관리·유통의 비효율성과 비용 상승을 수반했기 때문이다. 이에 케이엘앤파트너스는 20가지가 넘던 메뉴를 주요 품목 13가지로 축소했고, 생산공장과 물류센터를 재정비하여 효율성을 제고했다.

다음으로, 케이엘앤파트너스는 전체적인 운영 방식의 변화 또한 가져왔다. 맘스터치는 전국적으로 가맹점을 확장하기 위해 지역별로 독립된 지사를 설립하는 가맹지사 시스템을 활용해왔는데, 같은 기능을 지역별로 서로 다른 지사가 관할하며 비효율성이 누적되고 있었다. 가맹점 모집, 마케팅, 유통 등 통합 운영이 가능한 프로세스를 각 지사가 개별적으로 수행하다 보니, 인력 중복과 각종 제반 비용이 발생한 것이다. 이에 케이엘앤파트너스는 2021년 맘스터치서비스를 설립하고, 기존 가맹지사 시스템을 통합함으로써 불필요한 비용을 제거하는 동시에 가맹점 관리의 효율성도 높였다.

효율성 제고에 대한 노력은 수치로 나타났다. 특히 재고 관리 측면에서, 매출총이익률이 2019년 28.6%에서 2024년 35.6%까지 상승하였으며, 재고자산회전율(매출원가/재고자산으로, 재고자산이 얼마나 빨리 판매되었는지를 나타내어 기업의 재고관리 효율성을 보여주는 지표)도 11회에서 20.7회로 상승했다. 또한, 가맹시스템 변화를 포함한 전체적인 효율성 증대로 판매비와 관리비에 대한 통제도 효과적으로 이루어져, 동기간 지급수수료가 70억 원 이상 하락했다. 이에 따라 영업이익률과 EBITDA 마진 모두 11%p 이상 상승하여, 1.5배가량 증가한 매출에 대해 EBITDA는 3배 이상 증가하게 되었다.

맘스터치 요약손익						
	2019A	2020A	2021A	2022A	2023A	2024A
매출액	288.9	286.0	301.0	332.5	364.4	417.9
% yoy		-1.0%	5.2%	10.5%	9.6%	14.7%
영업이익	19.0	26.3	39.5	52.4	60.3	73.4
% opm	6.6%	9.2%	13.1%	15.8%	16.5%	17.6%
당기순이익	13.9	23.8	23.4	32.1	46.9	53.8
% npm	4.8%	8.3%	7.8%	9.7%	12.9%	12.9%
EBITDA	23.7	30.8	44.0	57.9	67.5	84.6
% margin	8.2%	10.8%	14.6%	17.4%	18.5%	20.2%

단위: 십억원, 출처: DART

케이엘앤파트너스는 2022년 매각을 추진했지만, 협상이 성사되지 않아 끝내 엑싯에는 실패했다. 그러나 이후 실적이 눈에 띄게 개선되어, 결과적으로 매각 실패가 더 큰 수익의 발판이 된 듯하다. 케이엘앤파트너스는 배당과 유상감자를 통해 이미 상당한 자금을 회수했고, 적절한 인수자를 기다리고 있다. 효율성 증대 전략을 매우 성공적으로 펼친 사례라 할 수 있다.

기업가치 제고 전략 3) 볼트온

경제적 해자는 워런버핏이 1980년대 버크셔 해서웨이의 연례보고서에서 처음 설명한 개념으로, 기업이 장기간 자본비용을 상회하는 자본수익률을 낼 수 있는 능력을 뜻한다. 일반적으로 한 기업이 높은 자본수익률을 기록하면, 신규 경쟁자의 진입 유인이 커지고, 이는 결국 자본수익률이 자본비용 수준으로 수렴하는 결과를 초래하는데, 경제적 해자가 강한 기업은 이러한 경쟁의 압력으로부터 스스로를 방어해낸다는 것이다.

  기술력, 규모의 경제, 규제 등의 요인이 경제적 해자를 구성하지만, 미래에 어떤 기업이 이러한 해자를 보유하게 될지 예측하는 것은 결코 쉽지 않다. 그렇기에 투자자가 집중해야 할 부분은 경제적 해자가 가져오는 '독점력' 그 자체다.

  강력한 해자에서 비롯된 독점적 지위는 경쟁자보다 높은 마진을 확보하면서도 소비자의 선택을 꾸준히 이끌어낼 수 있게 하며, 이는 곧 높은 이익률로 이어진다. 따라서 이미 독점적 위치를 확보한 기업에 투자하는 것은 확실한 투자 전략이 된다. 그런데, 그 독점적 위치를 직접 만들어내고 확장할 수 있다면 어떨까? PE가 애용하는 방법은 볼트온이다.

  볼트온$^{\text{Bolt-on}}$은 기업이 자사의 사업과 관련된 동종 기업을 인수함으로써 사업을 확장하고 시너지 효과를 노리는 M&A 전략이다. 예를 들어, 시장점유율 30%를 보유한 기업이 점유율 20%의 경쟁사를 인수할 경우, 단숨에 시장의 절반을 차지하게 되며, 이는 곧 시장 지배력 강화로 이어진다.

  또한, 산업 내 밸류체인$^{\text{Value-chain}}$ 상 서로 다른 역할을 수행하던 두 기업을 통합하면 수직계열화를 통해 강력한 시너지를 창출할 수 있으며, 이와 함께 인수 후 중복되는 부문을 제거하고 시스템을 통합하면 운영 효율성 제고와 비용절감 효과까지 기대할 수 있다.

  이처럼 볼트온은 시장 지배력 확보와 운영 효율성 제고 등 다양한 측면에서 이점을 제공하는데, PE이기에 기대할 수 다른 효과 또한 있다. 첫 번째는, 이미 포트폴리오사가 영위하던 비즈니스다 보니 피인수기업에 대한 지식·노하우와 인적 네트워크가 충분하다는 점이다. 투자에서 큰 손실을 보는 대다수의 경우는 투자 대상에 대해 잘 모르기에 발생하는 일임을 고려했을 때, 이미 잘 아는 분야에서 경쟁한다는 건 그 자체로 이점이 된다.

기대할 수 있는 두 번째 효과는, 시장점유율이 높은 기업일수록 시장에서 더 높은 기업가치를 인정받는다는 점이다. 유사한 사업을 영위하고 유사한 이익률을 기록하더라도, 시장은 점유율이 높은 기업에 더 높은 멀티플을 부여하는 경향이 있다. 그 차이를 만들어내는 요소는 다양하지만, 결국 해당 기업의 시장지배력이 더 강하다고 판단하기 때문이다.

1960~1970년대 미국에서는 대기업들이 기업가치 향상을 위해 여러 중소기업을 적극적으로 인수했는데, 이는 규모가 커질수록 더 높은 밸류에이션을 시장에서 인정받는 구조 때문이었다. 자세한 수치는 다르지만 당시 대기업의 PER이 15배, 피인수 중소기업의 PER이 10배였다고 할 때, 대기업이 중소기업을 100의 가치로 인수하면 그 기업의 이익 10(=100 ÷ 10)이 대기업의 PER 15배로 재평가되면서 150의 가치로 반영되었다. 단순한 인수만으로 50의 기업가치 상승 효과가 발생하는 셈이었다. 'Conglomerate Boom'이라고 불렸던 이러한 현상은 결국 실익 없는 숫자 놀음에 불과하다는 인식과 함께 주가 하락을 가져왔지만, 볼트온은 실제 시너지를 창출하고 지배력을 높임으로써 실익을 가져온다는 점에서 차이가 있다.

사례 분석 ④: 뭉치면 살고, 흩어지면 죽는다

국내에서 많은 PE가 볼트온을 적극적으로 활용한 분야는 폐기물 산업이다. 폐기물 산업은 생활·사업장 폐기물을 소각하거나 재활용하고 남은 잔재물, 불연성 폐기물을 매립하는 산업이다. 밸류체인은 폐기물이 발생한 곳에서 폐기물을 수집하고 운반하는 수집·운반업, 폐기물을 소각하거나 매립하는 처분업, 폐기물을 재활용하는 재활용업으로 구분된다.

폐기물 산업은 폐기물이 인간의 모든 활동에서 필연적으로 발생할 수밖에 없어 경기변동에 민감하지 않으면서 경제 성장과 함께 수요가 꾸준히 증가한다는 특징이 있다. 또한 대표적인 허가 산업이면서 법적인 기준치를 넘어서는 시설을 위한 대규모 투자가 필요한 산업이다 보니, 진입장벽도 매우 높은 편이다. 이에 소각장·매립장의 EBITDA 마진이 3~50%, 높게는 70%에 달하기도 한다. 꾸준한 수요로 인한 실적 예측의 용이함과 높은 현금창출능력, PE가 좋아할 수밖에 없는 산업이다.

또한 폐기물 산업은 볼트온에 가장 잘 어울리는 산업 중 하나인데, 폐기물의 종류도 다양하고 밸류체인도 잘 구분되어 있어 서로 다른 사업을 영위하는 기업을 인수하면 시너지를 창출하기 좋기 때문이다. 예를 들어, 서로 다른 폐기물 종류를 처리하던 업체가 통합하면 한 사업장 내에서 발생하는 모든 폐기물을 처리할 수 있게 되어 고객사 입장에서도 매력도가 커지고, 처분·재활용업을 영위하는 업체가 수집·운반만 하던 업체를 인수하면 마진을 내재화하는 효과를 가져올 수 있다. 더군다나 상위 업체가 과점하는 해외 시장과 달리 과거 국내 폐기물 산업은 다수의 영세한 업체가 전국에 퍼져 사업을 경쟁하는 형태였기에 더욱 볼트온에 어울렸다.

국내 폐기물 산업 볼트온은 2010년 JP모건이 중소형 폐기물 업체들을 인수해 EMK라는 폐기물 플랫폼을 구축하기 시작한 것이 시초였다. JP모건은 2011년에도, 2015년에도 계속해서 폐기물 업체를 인수하며 EMK의 몸집을 불려 나갔다. 2010년과 2011년에 인수한 비노텍, 한국환경개발, 이엠케이승경, 다나에너지솔루션은 모두 고체폐기물을 소각하는 과정에서 발생하는 소각열을 판매하는 업체였는데, 위치가 경기도, 전라도, 충청도로 전국에 퍼져 있어 고체폐기물 소각이라는 분야에서 몸집을 불리는 것을 첫 번째 목표로 삼았던 것으로 보인다.

그후 JP모건은 2015년 다시 볼트온을 재개했는데, 당시 인수한 신대한정유산업은 고체폐기물 소각뿐 아니라 폐유·폐수 등 액체폐기물 정제 사업까지 영위하고 있었다. 또한 바로 다음 인수한 그린에너지는 액체폐기물 정제에 특화된 기업이기도 했다. 고체폐기물에서는 몸집을 불려 놨으니, 액체폐기물 분야로도 사업을 확장하고자 했을 것이다. 이렇게 되면 고객사는 단일 업체에 폐기물 처리를 일괄 위임할 수 있어, 서비스 경쟁력이 크게 강화된다.

JP모건의 전략은 큰 폭으로 개선된 실적으로 돌아왔다. 인수연도 기준 인수업체들의 합산 ETBIDA에 비해 매각연도 기준 EMK의 EBITDA가 6배 이상 성장한 것이다.

JP모건 EMK 인수 내역					
(십억원)	인수연도	매출	영업이익	EBITDA	당기순이익
비노텍	2010	11.1	-2.0	-1.8	-2.0
한국환경개발	2010	8.4	0.6	0.6	1.2
이엠케이승경	2010	4.0	-1.1	0.0	-2.1
다나에너지솔루션	2011	1.4	-1.3	-1.2	0.3
신대한정유산업	2015	25.8	5.7	5.8	2.2
그린에너지	2015	12.7	1.0	1.2	0.7
인수연도 기준 합산		63.4	3.0	4.7	0.3
2016년 EMK		92.7	16.6	30.9	5.2

JP모건은 2016년 EMK를 IMM인베스트먼트에 3,900억 원에 매각했다. EV/ETBIDA가 17배 이상으로, EMK의 가치가 매우 높게 평가받은 거래였다. JP모건이 중소형 폐기물 업체들을 인수할 당시의 거래 금액이 공개되지 않아 수익률을 알 수는 없지만, 실적 상승세를 미루어 보았을 때 상당한 수익을 거두었음은 분명해 보인다.

EMK를 인수한 IMM인베스트먼트 또한 볼트온을 주요 전략으로 삼아 인수 당시 6개였던 EMK의 자회사를 2020년 11개로 늘렸으며, EMK를 전국에 사업장을 둔 폐기물 소각 처리 2위 업체로 성장시켰다. IMM인베스트먼트는 2022년 자회사 신대한정유산업을 제외한 EMK를 싱가포르 펀드 케펠에 6,300억 원에 매각했다.

폐기물 업체 M&A, 특히 볼트온을 주요 전략으로 삼은 딜은 최근까지도 계속해서 이뤄지고 있다. 어펄마캐피탈은 2009년 종합 환경 플랫폼 업체 EMC 소수지분 인수를 시작으로 2015년 바이아웃 전환, 소규모 폐기물 업체 6곳 인수를 통한 볼트온을 통해 EMC를 450억 원 규모에서 1조2천억 원까지 성장시켜 2020년 매각해 MOIC 14배 이상을 기록했다.

또한, 한앤컴퍼니는 2016년 시멘트 회사인 쌍용C&E를 인수한 후 폐기물 업체인 자회사 그린베인을 중점으로 10곳이 넘는 폐기물 업체를 인수했다. 폐기물 산업에서의 볼트온을 긍정적으로 평가하기도 했지만, 시멘트의 원료로 사용되는 유연탄을 폐기물 처리 과정에서 발생하는 고형원료 SRF로 대체하는 등 다른 시너지도 노릴 수 있었기 때문이다.

이러한 볼트온의 결과로, 지난 10년 간 많은 중소형 업체가 하나로 합쳐지며 산업 구조의 변혁이 이루어졌다. 머지않아 볼트온을 할 만한 업체가 많이 남아있지 않을 수도 있다. 또 어떤 산업이 PE에게 볼트온을 활용해 기업가치를 끌어올릴 수 있는 기회를 제공할까?

기업가치 제고 전략 4) 수익 구조 전환

버블티, 탕후루, 요아정. 모두 1~2년 사이에 급부상했다가 빠르게 주저앉은 디저트 프랜차이즈들이다. 극단적인 예시이긴 하지만, 적어도 한국 시장에서 디저트라는 품목은 성장 가능성은 물론, 기존 매출조차 안정적으로 유지할 수 있을지 확신하기 어려운 분야인 듯하다.

그렇다면 렌탈 사업을 영위하는 코웨이는 어떨까? 심각한 품질 사고나 대규모 인명 피해 같은 특별한 악재가 발생하지 않는 한, 올해 벌어들인 수익은 내년에도 유사하게 발생할 것으로 기대할 수 있다. 갑작스럽게 많은 고객이 렌탈 계약을 해지할 가능성도 낮고, 신규 고객이 1위 사업자인 코웨이를 제쳐두고 다른 업체를 선택할 비율도 높지 않기 때문이다.

즉, 탕후루 업체가 벌어들이는 100원과 코웨이가 벌어들이는 100원은 수치상으로는 같지만, 그 내재 가치는 전혀 다르다.

손익계산서의 항목은 매출, 매출원가, 판매비와관리비, 영업외손익으로 구분된다. 이 중 영업외손익에는 유형자산처분손익, 외환차손익, 사채상환손익 등의 항목이 포함되는데, '영업외'라는 단어를 사용하는 이유는, 말 그대로 핵심 영업활동과 직접적인 연관이 없는 '영업 외부'에서 발생한 손익이기 때문이다.

영업외손익은 경영진이 통제하기 어렵고, 반복적으로 발생하지 않는 경우가 많아 가치평가 시 많은 항목이 제외되는 경우가 많다.(물론 영업외손익에도 중요한 항목들이 있다. 이에 대한 자세한 설명은 서울대학교 최종학 교수의 『숫자로 경영하라』를 참고해보시길 강력히 추천한다.)

그런데, 통제하기 어렵고 일회성인 손익은 영업외손익 뿐만이 아니다. 통제하기 어렵고 일회성인 매출 또한 존재하는데, 흔히 이를 '수익의 질이 낮다.'라고 표현한다. 신제품 출시 초기에 일시적으로 발생하는 매출, 특정 유행에 편승한 브랜드 매출, 정부 보조금이나 외부 이벤트에 의존한 매출 등이 질이 낮은 수익에 해당한다.

PE는 투자를 검토하며 면밀한 실사를 통해 수익의 질, 더 나아가 이익의 질$^{QoE, Quality\ of\ Earnings}$을 평가해 이를 가치평가에 반영한다. 이익의 지속가능성이 떨어지거나 운에 가까운 구조에서 나온 것이라면, 같은 숫자라도 낮은 밸류에이션을 부여하는 방식이다. 그리고, 이러한 논의는 기업가치 제고 전략 수립 과정에서도 이루어진다. 매출의 반복성 측면에서 본다면, 단품 판매 중심의 비즈니스모델을 구독형으로 전환하는 전략이 대표적이다. 수익 구조 자체를 전환하는 것이다.

수익 구조의 전환은 반복성 확대에만 국한되지 않는다. PE는 투자 이후 신시장 진출, 제품 포트폴리오 변화, 판매 채널 전환 등 다양한 방식으로 수익 구조의 질을 개선하려 한다. 이는 곧 '수익이 어디서, 어떻게 발생하는가'라는 질문에 대한 답을 바꾸는 것이다. 단순히 매출을 늘리는 것이 아닌, 매출의 구조와 질을 개선함으로써 기업가치를 끌어올리는 전략이다. 다른 예시로, 성장이 제한적인 내수 시장에 주로 의존하던 기업이 해외 진출에 성공할 경우, 매출의 상방이 열리며 성장 기대감이 높아지게 된다.

물론 수익 구조 전환 전략은 난이도가 높다. 기존 비즈니스모델의 일부, 혹은 전체를 근본적으로 바꾸는 과정이 수반되기도 하기 때문이다. 전략이 성과로 나타나기까지 오랜 시간이 걸리기도 하고, 오히려 전보다 못한 결과를 낳기도 한다. 하지만 어려운 만큼, 수익 구조 전환에 성공한다면 이는 기업의 근본적인 체질을 개선하는 효과를 낳고, 실적의 개선과 함께 시장에서의 밸류에이션 또한 상승하게 된다.

사례 분석 ⑤: 판매에서 렌탈로, QoE 개선

동양매직은 가스레인지, 식기세척기, 정수기 등 가전 시장 국내 1~2위 사업자로, 1988년 한국형 가스레인지 개발을 통해 점유율을 확보한 뒤, 한국의 경제성장에 따른 가전 수요 증가와 함께 성장한 기업이다. 동양매직은 한때 재계 5위까지 올랐던 동양그룹이 금융위기와 건설경기 부진으로 인해 법정관리 절차에 들어가면서 매물로 나왔다.

동양그룹이 재무구조 악화에 빠진 원인과는 별개의 사업을 영위하고 있던 동양매직은 15~20% 가량의 EBITDA 마진을 보이며 안정적으로 성장하는 그룹의 캐시카우였다. 2장에서 설명한 것처럼 현금흐름의 안정성과 예측 가능성을 중시하는 PE에게 적합한 매물이었고, 동양매직은 2014년 NH PE와 글랜우드PE 컨소시엄(이하 'NH-글랜우드')이 2,800억 원에 인수하게 되었다.

NH-글랜우드는 동양매직의 안정성에만 안주하지 않고, 수익구조 전환을 시도했다. 일단 인수 직후 조직을 재정비했는데, 가전 판매와 렌탈이 혼재된 조직 형태를 가전사업부와 렌탈사업부로 분리했다. 사실 가전 판매와 렌탈은 본질적으로 전혀 다른 비즈니스다. 제조 후 일시에 현금유입이 발생하는 판매와 달리, 초기 현금유출을 일정 비율의 미래 현금유입으로 회수한다는 측면에서 렌탈은 금융업에 가깝다. 당연히 서로 다른 비즈니스는 따로 관리하는 편이 효율적이다.

신임 대표로는 외부 인력이 아닌, 24년간 동양매직에서 근무한 강경수 전무가 선임되었다. 당시 사측은 강경수 전무를 렌탈 사업에서 탁월한 성과를 거둔 인물로 소개하며, 렌탈 사업에 집중하겠다는 의지를 드러냈다. 이를 방증하듯, 방문판매와 A/S를 담당하는 인력을 550명에서 2,100명으로 대폭 확대하기도 했다.

렌탈 분야에서의 신사업 또한 추진했다. 당시 렌탈 시장은 정수기, 비데 등 생활가전 제품이 주를 이루고 있었지만, 동양매직은 자사가 다양한 가전 시장에서 인기를 얻고 있다는 강점을 활용해 가스레인지, 식기세척기 등 주방가전 제품을 추가하고, 총 7종의 가전제품을 렌탈하는 서비스를 출시했다. 주방가전 렌탈은 동양매직이 국내 최초로 선보인 서비스였다.

NH-글랜우드가 의도한 대로 동양매직의 렌탈 매출은 빠르게 확대되었다. 당시 강경수 대표가 급성장하는 렌탈 수요를 따라잡기 위해 물류 시스템 확보를 최우선 과제로 삼고 있다고 언급했을 정도다. 신규 렌탈 계정은 2013년 16만 건에서 2016년 35만 건으로 증가했으며, 전체 매출 대비 렌탈 매출 비중은 같은 기간 32.3%에서 40.7%로 상승했다. 렌탈 매출액만 놓고 보면 3년 만에 거의 두 배 가까이 성장한 셈으로, 소규모 거래가 장기적으로 누적되는 렌탈의 특성을 고려하면 매우 탁월한 성과였다.

2010년만 하더라도 압도적인 1위 사업자였던 코웨이에 이은 2위 자리를 두고 5개 이상의 업체가 경쟁했지만, 렌탈 확대라는 명확한 전략 아래 움직인 결과, 동양매직은 확고한 2위 사업자로 올라설 수 있었다.

인수 2년 뒤인 2016년, NH-글랜우드는 빠른 엑싯을 시도했고, 동양매직을 SK네트웍스에 6,100억 원에 매각하며 MOIC 2배 이상, IRR 37%를 기록했다. 초기 투자 규모가 커 EBITDA는 30~40%가량 증가하는 데에 그쳤지만, 멀티플이 2배 가까이 뛰었다. 이익의 질을 높인, 모범적인 수익 구조 전환 사례다.

유사한 수익 구조 전환 전략을 시도한 PE가 또 있다. 바로 2019년 롯데손해보험을 인수한 JKL파트너스다. JKL파트너스는 인수 후 단기 수익성을 개선할 수 있는 저축성 보험이 아닌, 암 보험이나 사망 보험과 같이 가입 기간이 긴 보험에 집중해 장기 보장성 보험의 비중을 2019년 52.6%에서 86.2%로 상승시켰다. 이익의 질은 확실히 높아졌다고 평가할 만하다.

인수 4년 뒤인 2023년 롯데손해보험이 역대 최대 실적을 경신함에 따라 주가도 고공행진해 JKL파트너스는 매각에 나섰지만, 잠재적 인수자들과 가격 협상에 실패하며 롯데손해보험을 계속 보유하기로 결정했다. 그런데 이후 보험사의 재무 건전성에 대한 규제가 변경되면서 타격을 받아 주가가 50% 이상 하락했다. 현재 주가는 인수 당시보다도 낮아진 상황이며, 규제에 대한 금융당국과의 대립은 이어지고 있다. 기회가 왔을 때 엑싯하지 못한 점은 아쉽지만, JKL파트너스가 현 위기를 어떠한 방식으로 헤쳐나갈지 지켜보는 것도 좋은 공부가 될 듯하다.

사례 분석 ⑥: 본사도 포기한 프랜차이즈를 살린 PE

패밀리레스토랑은 1900년대 중반 미국에서 가족 단위 외식 수요의 증가에 따라 등장한 외식 산업이다. 미국의 경제 호황과 함께 소비 심리가 활성화되면서 자연스럽게 나타난 현상이었다. 미국의 패밀리레스토랑 기업들은 1900년대 후반 한국의 경제 발전을 기회로 삼아 한국 시장으로 진출했다. 그중 하나가 아웃백스테이크하우스(이하 '아웃백')였고, 추억 속의 TGI프라이데이스도 당시 한국 시장에 진출했다.

경제가 고성장하던 시기였기에 한국에서도 가족 단위 외식 수요가 증가했고, 아웃백은 그중에서도 두각을 나타냈다. 2005년에는 패밀리레스토랑 점유율 1위를 차지하기도 했고, 매장 수는 2014년 109개까지 증가했다. 본토인 미국을 제외하고 매장 수가 가장 많았던 지역이 한국이었으므로, 인기가 대단했다고 할 수 있다. 대부분은 부모님과 함께 아웃백에서 스테이크와 파스타를 먹은 추억을 가지고 있을 것이다.

하지만 점차 한국의 경제 성장이 둔화되고, 사회가 개인화되며 대가족이 해체되었다. 2015년 1인 가구가 2005년에 비해 35% 이상 증가했고 '혼술', '혼밥'이라는 용어가 생긴 것도 이때부터다. 이에 따라 가족 외식이라는 트렌드는 자연스럽게 점점 힘을 잃었다. 또한 외식 산업 내에서도 양극화가 생기게 되었다. 소비자들은 평상시에는 적당히 맛있는 가성비 음식을 찾고, 가끔 고급 다이닝 식당을 찾았다.

아웃백은 여전히 패밀리레스토랑의 포지션을 유지한 채 고급이라고 하기에는 애매한 이미지를 가지고 있었고, 그렇다고 가격이 저렴한 것도 아니었다. 즉, 전체적인 외식 산업 트렌드의 변화를 읽지 못했다. 2014년에는 매장 109개 중 34개를 폐업할 정도로 상황이 심각했다. 이에 아웃백 미국 본사 블루밍 브랜즈는 2010년부터 매각을 시도했지만, 처음 언급된 금액의 1/4까지 매각가를 낮출 만큼 쉽게 매각이 이루어지지 않았다. 당연히 저무는 산업의 저무는 기업을 인수하고자 한 기업은 없었을 것이다.

    이때 등장한 PE가 스카이레이크다. 2016년 스카이레이크는 560억 원에 지분 100%를 가져오게 된다. 낮아질 대로 낮아진 매각가에 무언가 변화의 가능성을 포착한 것일까. 스카이레이크가 불러온 변화를 알아보자.

    스카이레이크는 '진대제 펀드'라고 불릴 정도로 대표가 유명한 PE다. 진대제 대표는 삼성전자에서 국내 반도체 발전을 이끌어온 인물인데, 실력을 인정받아 정보통신부 장관을 지내기까지 했다. 그렇기에 스카이레이크도 아웃백을 인수하기 전에는 IT, 특히 반도체 투자에 집중해왔으며 이제는 국내 반도체 산업에 없어서는 안될 후공정 장비사 한미반도체에도 일찍이 투자했었다. 반도체와 같은 테크 분야는 전문가가 없으면 투자하기 힘든데, 비전공자 입장에서는 용어부터 이해하기 힘들기 때문이다. 반대로 말하면, 진대제 대표와 같은 전문가가 있는 PE는 테크에 투자하지 않을 이유가 없다.

    하지만 성공적인 투자를 이어가며 점차 PEF의 규모가 커지면, 초기 전략을 수정해야 할 필요성이 생기기 마련이다. 스카이레이크에게도 테크 이외 분야로 투자 섹터를 넓혀가는 변화가 필요했던 것으로 보인다. 그럼에도 불구하고, 기존 분야와 정반대에 위치한 외식 산업으로의 투자는 신선한 충격으로 다가왔다.

2016년 인수 당시 아웃백에 대한 소비자들의 반응을 살펴보면, '스테이크 빼고 맛있는 패밀리레스토랑'이라는 평이 많았다. 명칭이 스테이크하우스인데 정작 스테이크에 대한 평이 좋지 못했던 것이다. 스카이레이크가 인수하기 전까지 아웃백은 스테이크를 조리할 때 냉동육을 사용했는데, 이것이 주요한 원인이었다. 그리고 이는 패밀리레스토랑이라는 정체성과 애매한 가격대 포지셔닝에서 비롯된 결과였을 것이다.

스카이레이크는 아웃백의 정체성을 재정의하며 고급화 전략을 선택했다. 일단 기존의 쿠폰, 통신사 할인 등 할인 마케팅은 과감히 버렸다. 또한, 토마호크, 티본 등 프리미엄 부위를 활용한 고가 스테이크를 선보이고, 사이드 디시도 매장에서 직접 조리하는 방식으로 전환했다. 핵심은 스테이크 품질 개선이었고, 이를 위해 냉동육 대신 냉장육을 도입하기도 했다.

그런데, 냉장육은 유통기한이 짧고 폐기 리스크가 높아 비용 부담이 크고 관리에 어려움이 있었다. 이를 해결하기 위해 스카이레이크는 삼성식 공급망관리시스템(SCM)을 도입했다. 매장별 판매 데이터와 날씨 등 다양한 변수를 활용해 각 매장의 일일 수요를 예측하고, 재고를 최적화한 것이다. 냉동육을 사용할 때 3~4일씩 걸리던 배송 기간은 하루로 단축되었고, 고객 만족도 역시 눈에 띄게 향상되었다.

이러한 전략은 실적에 그대로 반영되었다. 프리미엄 스테이크의 판매 비중은 인수 당시 20% 수준에서 2020년에는 50% 이상으로 증가했고, 객단가 역시 16,000원에서 35,000원으로 두 배 이상 상승했다. 아웃백은 패밀리레스토랑의 이미지를 벗고, 프리미엄 스테이크 전문점으로의 포지셔닝에 성공했다.

이에 따라 2016년 각각 1,940억 원, 100억 원이었던 매출과 EBITDA는 2020년 2,980억 원, 340억 원으로 상승했다. 고급화 포지셔닝으로 인한 객단가 상승과 공급망 관리 개선으로 인한 마진의 확대가 주요 요인이었다. 마진 확대와 수익성 개선이 단순히 인력 구조조정과 극단적인 비용 절감을 통해 이루어지는 것은 아니다.

그 결과, 스카이레이크는 인수 5년 만인 2021년 아웃백을 BHC에 약 2,700억 원에 매각하며 엑싯에 성공했다. 배당 수익까지 포함하면 MOIC는 7배 이상, IRR은 30~40%에 달할 것으로 추정된다. 참고로 아웃백과 함께 국내에 진출했던 TGI프라이데이스는 변화에 실패하며 최근 한국 시장 철수를 발표했다. 이와 비교해 보면, 스카이레이크는 진정한 밸류업 전문가라 불릴 만하다.

프랜차이즈 딜은 초기 분석 시 난이도가 낮아 접근이 쉬워 보이지만, 사실 난이도가 높은 바이아웃 중 하나다. 소비 트렌드가 빠르게 바뀌고 경기에 민감해 예측의 불확실성이 높으며, 눈에 보이고 숫자로 드러나는 유형자산보다는 '브랜드'라는 무형자산이 가치의 많은 부분을 차지하기 때문이다. 또한, 매장이 가맹점 위주로 이루어진 경우에는 관리가 어려우며, 가맹점이 훼손한 브랜드 가치가 전 매장에 영향을 끼치기까지 한다.

그렇기에 스카이레이크의 아웃백 딜이 더욱 돋보인다. 소비 트렌드도 따라가고, 훼손되고 있던 브랜드 가치를 다른 브랜드 가치로 혁신했기 때문이다. 또 이런 프랜차이즈 딜에서 두각을 드러내고 있는 PE가 있는데, 바로 UCK파트너스(전 '유니슨캐피탈')다. 5년 이상의 짧지 않은 투자기간에도 불구하고 50% 이상의 IRR을 기록한 공차 바이아웃 딜은 하버드 MBA 교재에도 실릴 만큼 전설적인 프랜차이즈 바이아웃으로 남아있다. 스카이레이크와 비교되는 UCK파트너스의 전략은 무엇인지, 그리고 2023년에 인수한 설빙도 성공적인 투자건이 될 수 있을지 공부해보는 것을 추천한다.

참고로, 스카이레이크의 아웃백 딜에서도 이해관계 일치를 위한 노력을 엿볼 수 있다. 2014년부터 아웃백코리아 대표로 재직하던 조인수 현 써브웨이코리아 대표는 프랜차이즈업에서의 능력을 인정받아 스카이레이크가 인수한 뒤에도 대표를 지냈는데, 아웃백을 인수한 SPC의 지분 2.8%를 보유하고 있었다. 이 SPC는 스카이레이크가 아웃백 인수를 목적으로 설립한 SPC였다.

PE는 SPC가 가지고 있는 피인수기업의 가치가 오르거나 피인수기업이 SPC를 통해 배당을 지급하면 수익을 내는 구조다. 그런 면에서 피인수기업의 대표가 SPC의 지분을 PE와 함께 소유하고 있는 상황은 양측의 이해관계 일치에 큰 도움이 된다. 실제로 PE가 경영진이 SPC나 PEF의 지분을 소유하도록 하여 이해관계 일치를 시도하는 모습을 종종 볼 수 있다.

기업가치 제고 전략 5) 자금 투입

PE는 훌륭한 경영자 역할을 수행하기도 하지만, 본질적으로는 자금을 모으고 운용하는 투자자다. 그런 만큼, 보유 기업이 대규모 자금이 필요한 투자 기회를 마주했을 때, PE는 가장 든든한 조력자가 되곤 한다.

기업의 투자는 두 가지로 나눌 수 있다. 기존 사업의 운영 유지를 위한 유지 투자와, 신시장 개척이나 신사업 확대를 위한 성장 투자다. 유지 투자는 정상적인 영업활동을 지속하는 데 필요한 최소한의 자본지출로, 일반적으로 기업이 벌어들이는 내부 이익으로 충분히 감당할 수 있다. 다시 말해, 기업의 체급에 맞는 규모의 투자다.

반면, 성장 투자는 체급 자체를 키우기 위한 투자다. 새로운 시장에 진입하거나 사업 영역을 확장하기 위해서는, 유지 투자 이상의 자금이 필요하다. 내부 이익에서 남는 여력이 있다면 자체 재원으로도 가능하지만, 현실적으로는 외부 자금조달이 불가피한 경우가 많다. 이 경우 기업은 대출을 받거나 증자를 통해 자금을 마련하게 된다.

그런데, PE가 대주주라면 어떨까? PE는 직접 의사결정권을 갖고 있는 만큼, 투자안의 타당성을 누구보다 면밀히 검토할 수 있다. 타당성이 부족하다면 투자를 막을 것이고, 충분한 수익 가능성이 있다면 투자를 결정하면서 자금을 직접 투입하는 방안도 고려하게 된다. 외부 자금조달이 어렵거나 조달비용이 높을 경우, 투자안의 수익성이 높다고 판단했기에 직접 참여하는 편이 보다 합리적이기 때문이다.

사례 분석 ⑦: 자금력에 기반한 과감한 베팅

에어퍼스트는 반도체, 석유화학, 철강, 양극재 등의 산업에서 쓰이는 산업가스를 판매하는 기업이다. 산업가스는 사용하지 않는 분야를 찾기 어려울 정도로 거의 모든 산업에서 쓰이는 필수적인 자원으로, 경제 성장과 함께 수요가 지속적으로 증가한다.

이처럼 안정적인 수요가 있는 반면, 공급의 진입장벽은 매우 높다. 생산 장비나 배관 등 대규모 설비투자가 필요할 뿐 아니라, 각종 규제도 통과해야 하기 때문이다. 글로벌 시장은 세 개의 주요 업체가 과점하고 있으며, 독일의 린데가 1위, 프랑스의 에어리퀴드와 미국의 에어프로덕츠가 각각 2위와 3위를 차지하고 있다.

또다른 특징은, 기본적으로 계약 기간이 길다는 점이다. 가장 짧은 계약 기간이 1년이며, 가장 많이 유통되는 방식인 벌크(Bulk) 방식에서는 계약 기간이 3~7년, 온사이트(On-site) 방식에서는 기본적으로 15년 이상이다. 벌크 방식은 초저온으로 산업가스를 액화시켜 부피를 1/800으로 줄인 뒤 탱크에 실어 판매하는 방식이며, 온사이트 방식은 고객사의 플랜트 내에 공장을 건설해서 바로 옆에서 공급하는 방식이다. 가격은 원재료에 연동되는 구조이기 때문에 GPM$^{\text{Gross Profit Margin, 매출총이익률}}$도 비교적 일정하게 유지된다.

에어퍼스트 투자 기회는 2017년 린데가 프랙스에어와 합병하면서 생겼다. 당시 국내 시장에서는 린데코리아가 4위, 프랙스에어코리아가 3위였는데, 공정거래위원회가 경쟁 제한을 이유로 일부 자산의 매각을 요구한 것이다.

이에 린데는 린데코리아의 일반 산업가스 사업부를 매각하기로 결정했고, IMM PE가 사업부 전체를 1조3천억 원에 인수했다. 인수 후 IMM PE는 '린데'라는 이름을 떼고 '에어퍼스트'를 새롭게 출범시켰다. IMM PE는 국내 PE 4위 자리를 차지하고 있는데, 에어퍼스트 딜은 그들의 첫 조단위 딜이었다. 그럼에도 불구하고, 운영 전략은 그 어떤 딜보다 성공적이었다.

산업가스는 B2B이면서 높은 기술 전문성이 요구되는 산업이기에, IMM PE는 인수 직후 인력 보강부터 단행했다. 핵심 인력들이 린데코리아가 아닌 린데 본사에 포진해 있었던 만큼, 우수한 인재 확보가 핵심 과제였다. IMM PE는 린데코리아를 이끌던 양한용 대표를 에어퍼스트의 전문경영인으로 영입하며 경영 안정성을 확보했다.

이후 게임 체인저가 된 결정은 부지 매입이었다. 당시 삼성전자가 평택에 신규 반도체 공장을 건설 중이었고, 기존 공장의 산업가스는 글로벌 업체들이 공급하고 있었다. 새 공장의 벤더를 누가 확보할지 업계의 관심이 집중되던 상황에서, IMM PE는 한 발 앞선 전략을 펼쳤다.

산업가스를 구매하는 고객사 입장에서는 어떤 경쟁력보다도 '정확한 시점에, 정확한 물량을, 안정적으로 공급할 수 있는지'가 가장 중요한 판단 기준이다. 산업가스 공급이 끊기면 전체 공정이 멈출 수 있기 때문이다. 만약 공장 바로 옆에 부지를 보유한 기업이 있다면, 그것만으로도 강력한 경쟁 우위를 점할 수 있다.

IMM PE는 이 점에 주목했다. 수주가 확정되기도 전에 유상증자로 2,800억 원을 추가 투입해 삼성전자가 짓고 있던 평택 공장 인근 부지를 선제적으로 매입한 것이다. 공장 바로 옆에서 글로벌 탑 수준의 기술력을 갖춘 업체로부터 산업가스를 공급받을 수 있다면, 삼성전자로서도 이를 외면할 이유가 없었다.

결과적으로 에어퍼스트는 삼성전자를 핵심 고객으로 확보하는 데에 성공했고, 이후 매크로 환경의 호조와 고객사 다변화에 힘입어 가파르게 성장했다. IMM PE는 2023년 보유 중이던 에어퍼스트 지분 30%를 블랙록자산운용에 매각하며 약 1조500억 원의 구주 매각 대금을 회수했다. 이는 경영권 프리미엄 없이 소수지분만을 매각한 결과임에도 투자 원금의 약 2/3를 회수한 성과였고, 총 MOIC 3.5배, IRR 39%라는 탁월한 수익률을 기록했다. 블랙록과의 딜에서 에어퍼스트의 지분가치가 3조5천억 원 이상으로 평가되었기에 남은 70%의 지분 또한 좋은 성과를 거둘 것으로 기대된다.

제5장

바이아웃
- 재무구조 설계

재무구조 설계 전략 1) 차입매수(LBO)
재무구조 설계 전략 2) 리파이낸싱(Refinancing)
& 리캡(Recapitalization)
사례 분석 ①: LBO의 정석
사례 분석 ②: 기업가치 제고에 기반한 리캡
사례 분석 ③: 실패도 극대화하는 LBO

· 05 ·

바이아웃
- 재무구조 설계

4장에서는 바이아웃 딜에서 PE의 기업가치 제고 전략을 알아보았다. 하지만 기업가치 제고 전략은 비단 PE뿐만 아니라, 모든 기업의 경영자가 갖춰야 할 역량이라고도 볼 수 있다. PE는 일정 기간 뒤 기업을 매각해야 한다는 차이는 있지만, 결국 모두가 뛰어난 경영 능력을 기반으로 한 기업가치 제고를 목표로 하기 때문이다. 한편, 바이아웃 딜을 투자의 관점에서 바라보면, 기업가치 제고 외에도 수익을 낼 수 있는 방안이 존재한다. 재무 구조를 설계하는 방법이다.

『Barbarians at the gate(문 앞의 야만인들)』. 1989년 글로벌 1위 PE KKR의 RJR Nabisco 바이아웃 딜을 다룬 서적이다. PE 업계를 넘어 자본시장에 관심이 있다면 필독해야 할 서적 중 하나이니, 꼭 읽어보시길 추천한다. RJR Nabisco 딜은 PE 역사에 한 획을 그은 딜로, 2007년까지 역사상 최대 규모의 바이아웃으로 남아 있었다. 스토리 라인도 매우 흥미롭지만, 사실 더 흥미로운 것은 딜의 구조다. 인수가는 250억 달러였는데, KKR은 15억 달러만을 자기자본으로 사용했기 때문이다.

재무구조 설계 전략 1) 차입매수(LBO)

LBO$^{\text{Leveraged BuyOut}}$는 PE의 대표적인 재무구조 설계 전략으로, PE가 자기자본에 추가로 차입의 한 형태인 **인수금융**을 조달하여 기업을 인수한 후, 피인수기업의 현금흐름이나 매각대금으로 부채를 상환하는 형태의 투자다. 부동산 담보대출을 통해 건물을 매입하고, 건물의 임대료를 통해 부채를 상환하는 구조와 같다. KKR의 경우, 인수대금의 90% 이상을 부채로 조달한 셈이다.

M&A 관점에서 기업의 가치평가는 기업가치로 이루어지지만, 실제 투자와 회수는 지분가치(기업가치 - 순차입금)를 기준으로 이루어진다. 그렇기에 4장에서 설명했던 기업가치 수식, 'EV = Sales x EBITDA/Sales x EV/EBITDA'를 실제 투자하는 금액인 지분가치(Equity) 관점에서의 수식으로 변환하면 'Equity = Sales x EBITDA/Sales x EV/EBITDA x Equity/EV'가 된다.

LBO는 이 과정에서 인수금융을 활용해 차입금을 늘리고, Equity/EV를 낮춤으로써 투입 자본을 줄여 IRR을 높이게 된다. IRR은 MOIC와 투자 기간에 의해 결정되며, MOIC는 기업가치의 상승 폭이 아니라 결국 자본을 얼마나 투입하고 얼마나 회수했는지에 따라 결정되기 때문이다. 실제로 PE는 대부분의 바이아웃 딜에서 LBO를 기본 전략으로 활용한다.

먼저 LBO를 이론적인 예시를 통해 알아보자. 첫 번째 예시는 PE가 인수 후 기업가치 제고에 성공한 경우다. 인수 시점 기업의 EBITDA는 10, EV/EBITDA는 6, 차입금은 20, 현금은 10, 즉 기업가치는 60(10 x 6)이고 지분가치는 50(60 - (20 - 10))이다. 이때 PE가 50의 인수대금을 지불하며 자본은 30만 사용하고, 나머지는 인수금융을 통해 조달하였다. 성공적인 PMI로 매각 시점인 5년 뒤 EBITDA는 15, EV/EBITDA는 8로 상승하였다.

매각 시점 기업의 기업가치는 120(15 x 8), 순차입금은 30(기존 10 + 인수금융 20)이 되어, 지분가치는 90이 된다. 즉, PE는 매각을 통해 90을 수취하게 된다. 기업가치는 2배가 되었지만, 자본 기준 MOIC는 3배가 된 것이다.

이렇게 MOIC가 기업가치 상승폭보다 높아지는 현상이 바로 레버리지의 마법이며, LBO는 PE가 적은 자본으로도 높은 IRR을 실현하게 하는 핵심 전략이 된다. 따라서 바이아웃을 설명하며 기업가치의 변화를 표현했던 그림에 LBO를 반영하면 다음과 같다.

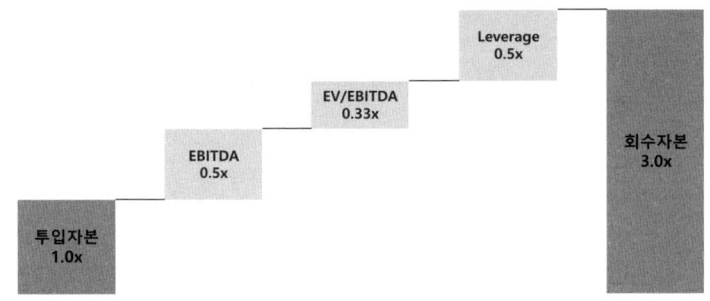

그런데, 해당 예시에서 고려하지 않은 부분이 하나 있다. 투자기간 동안 기업이 벌어들인 이익이다. 물론 기업이 벌어들인 이익을 모두 투자에 활용할 수도 있지만, 일반적으로 이익의 일부는 주주에게 환원되거나 부채 상환에 활용된다. 이때 이를 부채 상환에 활용한다면, 투자수익을 더욱 극대화할 수 있다. (환원되는 경우는 후술한다.)

인수 시점 EBITDA가 6, 매각 시점 EBITDA가 15였으니, 5년의 투자기간 동안 매년 3만큼의 부채를 상환했다고 가정해보자. 인수 직후 순차입금이 30이니, 매년 3씩 부채가 줄어든다면 매각 시점 순차입금은 15가 된다. 이 경우, 기업가치는 120이 되고, 지분가치는 105(120 - 15)가 된다. MOIC는 3.5배로 또 한번 상승한다.

해당 구조를 사용하면, 기업가치 제고에 실패한 경우에도 수익을 올릴 수 있다. 이번에는 EBITDA와 EV/EBITDA가 변하지 않은 경우를 생각해보자. 5년 뒤 기업가치는 그대로 60이지만, 순차입금은 15가 되므로 지분가치는 45(60 - 15)가 된다. 즉, 30의 자본으로 기업을 인수한 후 45를 매각 대금으로 수취하게 되어, 기업가치가 오르지 않았음에도 수익을 창출하게 된다.

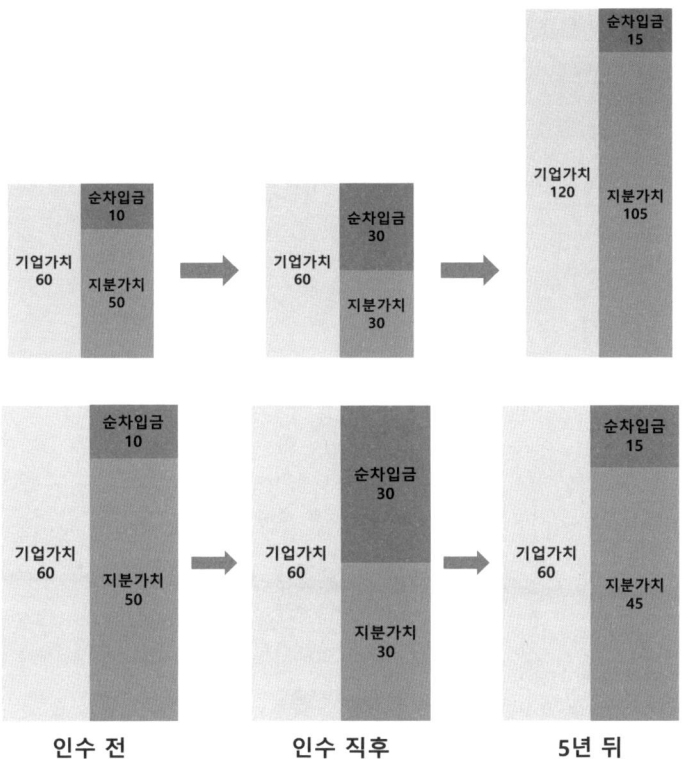

앞서 설명한 수식 'Equity = EBITDA × EV/EBITDA × Equity/EV'는 인수 시점에 투입하는 자본일 뿐만 아니라, 매각 시점에서 회수하는 자본이기도 하다. 인수 시점에는 적은 자본을 투입하기 위해 Equity/EV를 낮췄다면, 매각 시점에는 더 많은 자본을 회수

하기 위해 Equity/EV를 높이는 것이다.

LBO의 개념을 처음 공부하면 의문이 드는 지점이 하나 있다. PE가 피인수기업을 인수하기 위해 차입을 하는 것인데, 왜 피인수기업이 이 인수금융을 부담하게 되는지이다. 이를 이해하기 위해서는 LBO의 구조를 자세히 살펴볼 필요가 있다.

기본적인 LBO의 구조부터 알아보자. 먼저, PE는 운용 중인 PEF에서 대상 기업을 인수하기 위한 목적으로 SPC를 설립한다. 그다음, PEF에서 SPC로 출자한 자본과 대주단(대출해주는 금융기관)으로부터 차입한 인수금융으로 인수대금을 지불한다. 즉, 그림과 같은 구조가 형성된다.

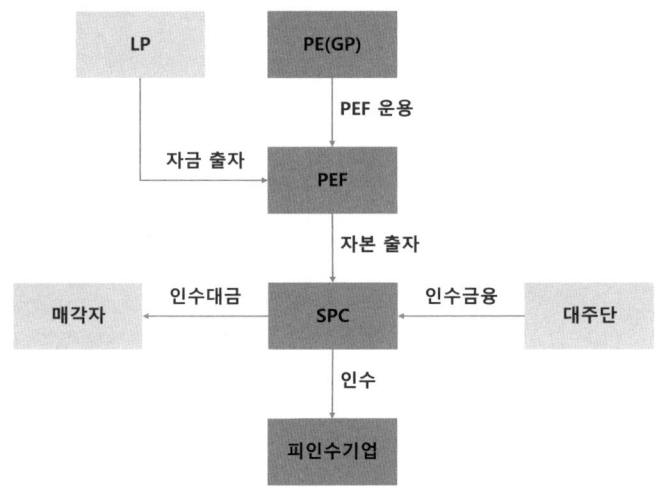

그런데 수백억~수조 원 규모인 인수금융을 조건 없이 높은 금리만으로 대출해주는 경우는 드물어, 대주단은 담보를 설정하거나

보증을 요구한다. 이때 무엇을 담보로 설정하느냐, 부채가 어느 주체에 귀속되느냐에 따라 구조가 달라진다.

첫 번째는 담보 제공형 LBO로, SPC가 인수할 피인수기업의 자산을 담보로 인수금융을 조달하고, 이 자금을 활용해 인수대금을 지불하는 방식이다. 인수 후 피인수기업의 현금흐름으로 부채를 상환하니 실질적으로는 피인수기업이 부채를 부담하게 되지만, 직접 차입한 주체는 SPC이기에 해당 부채가 피인수기업의 재무상태표에 표시되지는 않는다.

하지만 담보 제공형 LBO의 경우, 별도의 법인격인 SPC에게 피인수기업이 자산을 담보로 제공할 수 있느냐는 배임죄 이슈가 있다. 실제로 성공적인 LBO 사례로 여겨졌던 신한 LBO 사건에서, 2006년 대법원은 아무런 반대급부 없이 피인수기업이 인수기업을 위해 자산을 담보로 제공하는 구조는 업무상 배임죄에 해당한다고 판결한 바 있다.

두 번째는 지분 담보형 LBO로, SPC가 인수할 피인수기업의 지분을 담보로 인수금융을 조달하고, 이 자금을 활용해 인수대금을 지불하는 방식이다. 담보 제공형 LBO와 마찬가지로 실질적으로는 피인수기업이 부채를 부담하지만, 직접 차입한 주체가 SPC이기에 해당 부채가 피인수기업의 재무상태표에 표시되지는 않는다.

담보제공형 LBO와 다른 점은, 담보가 피인수기업의 자산이 아닌 지분, 즉 차입한 주체의 자산이기에 피인수기업에 가해지는 부담이 상대적으로 적고 배임죄 리스크에서도 자유롭다는 것이다.

담보 설정 또한 간단하여 실무에서 가장 흔히 사용된다.

세 번째는 합병형 LBO로, SPC가 인수금융을 조달해 피인수기업을 인수한 후, SPC와 피인수기업이 합병해 부채를 승계하는 방식이다. 결과적으로 피인수기업이 인수대금을 지불하기 위해 인수금융을 조달한 형태가 된다. 판례상, 합병 후 피인수기업이 자본잠식에 빠지는 등 과도한 부담을 지우는 경우가 아니라면 배임죄와는 거리가 있다.

또한 담보 제공형 LBO나 지분 담보형 LBO와 달리, 차입의 주체가 피인수기업으로 전환되기 때문에 피인수기업의 재무상태표에 부채가 나타나게 된다. 이에 따라 피인수기업의 재무 건전성이 악화될 수는 있으나, 법적으로 부채 귀속이 명확하고 합병 후 구조가 간단해진다는 장점이 있다.

네 번째는 분배형 LBO로, SPC가 인수금융을 조달해 피인수기업을 인수한 후, 피인수기업이 자산 매각대금이나 신규 차입자금을 배당 또는 유상감자의 형태로 SPC에 분배해 인수금융을 상환하는 방식이다. 분배형 LBO 역시 합병형 LBO와 마찬가지로, 판례상 배임죄 문제와는 거리가 있으며, 신규 차입의 경우 피인수기업의 재무상태표에 부채가 나타나게 된다. 다만, 한 번에 큰 규모의 자금을 배당이나 유상감자에 사용하는 구조이기 때문에 법적·세무적 이슈가 있을 수 있으며, 시장에 부정적인 인식을 줄 수 있다는 단점이 있다.

담보 제공형이나 지분 담보형 LBO에서는 피인수기업이 법적으로 직접 부채를 부담하지는 않는다. 그러나 PE가 경영권을 보유하고 있는 이상, 피인수기업이 창출한 현금흐름은 배당의 형태로 SPC에 이전되어 부채 상환에 사용된다.

따라서 어떤 방식을 사용하든, 피인수기업이 창출한 현금이나 지분 매각대금으로 부채를 상환하게 된다. 피인수기업이 창출한 현금은 당연하고, 매각대금 또한 피인수기업의 자산 규모와 미래 현금창출 능력에 따라 산정되는 기업가치에 의존하기에, 결국 경제적 실질 측면에서 부채 상환 부담은 피인수기업에 전가될 수밖에 없다.

이제 LBO의 기본적인 구조는 이해됐을 듯하니, 다음 예시를 살펴보자. 두 번째 예시는 PE가 인수 후 기업가치 제고에 실패했을 뿐 아니라, 기업가치가 오히려 하락한 경우다. 인수 시점 수치는 첫 번째와 같고, 매각 시점 EBITDA가 8, EV/EBITDA가 5로 하락하였다. 영업상황이 악화된 만큼, 부채를 상환할 여유는 없었다고 가정한다.

이 경우 기업가치는 40(8 x 5), 순차입금은 30(기존 10 + 인수금융 20)이 되어, 지분가치는 10(40 - 30)이 된다. 즉, PE는 매각을 통해 10을 수취하게 되고, 투자 자본과의 차이인 20은 그대로 손실이 된다. 기업가치는 2/3배가 되었지만 MOIC는 1/3배가 된 것이다.

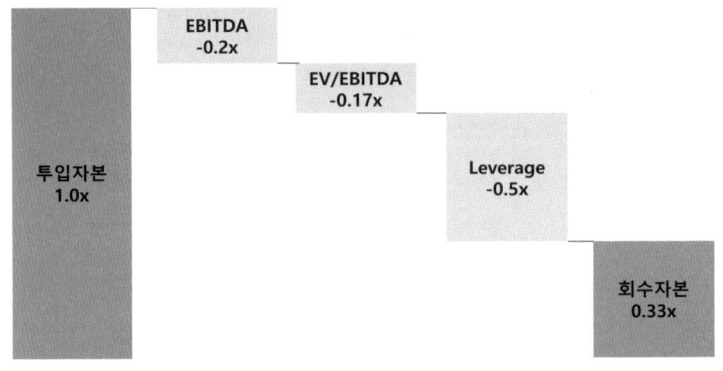

이처럼 LBO는 PE가 적은 자본으로 높은 수익을 얻는 핵심 전략이지만, 동시에 큰 리스크를 수반한다. 기업도 부채를 늘려 $ROE^{Return\ on\ Equity,\ 자기자본수익률}$를 증가시킬 수 있지만, 영업 상황이나 매크로 환경이 악화되는 경우 문제가 발생할 수 있기에 적정 수준의 부채가 기업가치에 긍정적인 영향을 미치는 것처럼, PE 역시 기업가치가 하락하는 경우 LBO를 활용하지 않았을 때보다 더 큰 손실을 감내해야 하기에 리스크 대비 기대수익률을 따져보고 적절한 수준에서 LBO를 활용해야 한다.

재무구조 설계 전략 1) 리파이낸싱Refinancing & 리캡(Recapitalization)

LBO에서 인수금융의 규모와 함께 확인해야 할 부분은 이자 비용과 만기다. 인수금융도 차입인 만큼, 피인수기업이 벌어들이는 현금으로 이자를 지급해야 하며, 금리 변동과 만기 상환에 대한 부담 또한 존재하기 때문이다.

이미 부채비율이 높아 영업이익의 상당 부분을 이자 비용으로 지출하던 기업을 인수하며 큰 규모의 인수금융을 활용하면, 간신히 흑자를 기록하던 기업이 한순간에 적자로 전환하고 내리막길을 걷기도 한다. 이런 상황에서 금리까지 상승하면 이자를 지불하지 못하거나, 만기가 도래했음에도 부채를 상환하지 못해 파산에 이를 수도 있다. 재무구조 설계 전략이 오히려 기업가치에 악영향을 끼치는 것이다.

이런 불상사를 피하기 위해서 PE는 피인수기업의 기존 부채 규모, 인수금융의 규모·금리·만기 등을 면밀히 검토한다. 그리고 이는 단순히 인수 시점에만 행해지는 것이 아니다. 사후관리 또한 중요한데, 관리하는 대표적인 방법 중 하나는 리파이낸싱이다.

리파이낸싱Refinancing은 말그대로 기존의 차입금을 상환하기 위해 새로운 차입금을 통해 자금을 조달하는 방식이다. 기존 차입금의 만기가 다가왔을 때 보유 중이던 현금으로 이를 상환하지 않고 기존의 재무구조를 유지하고자 하거나, 금리가 낮아져 기존의 차입금을 상환하고 새롭게 차입하는 편이 유리할 때 사용한다.

기업의 실적 개선으로 담보가치가 높아져 더 좋은 조건으로 차입이 가능할 때 사용하기도 한다. 차입 후 일정기간이 지나기 전 리파이낸싱을 진행하면 조기상환수수료가 발생하지만, 기존의 금리가 너무 높거나 금리가 급격히 낮아져 이자비용 절감 효과가 수수료보다 클 경우 이를 감수하고서라도 리파이낸싱을 진행하게 된다.

이때, 리파이낸싱과 함께 자주 활용되는 전략이 리캡이다. **리캡**

Recapitalization은 자본구조를 재조정하는 방식으로, 인수 후 신규 차입을 통해 조달한 자금을 배당으로 회수함으로써 투자금을 조기에 회수하는 전략이다.

리캡을 통한 투자금 조기 회수는 단순한 현금 회수 차원을 넘어 IRR을 높이는 효과를 낳는다. MOIC가 같을 때 투자 기간이 짧을수록 IRR은 높아지기 때문이다. LBO를 통한 레버리지 사용이 MOIC를 높인다면, 리캡을 통한 투자금 조기 회수는 투자 기간을 줄이는 역할을 한다.

주주가 자금을 회수하는 방법은 두 가지로, 주식 매각을 통한 투자금 회수와 기업으로부터의 직접적인 투자금 회수가 있다. 여기서 기업으로부터의 직접적인 투자금 회수란, 배당·유상감자 등을 통한 자금 회수 방안을 말한다. 지금까지는 매각을 통한 회수 방안만을 살펴본 것이고, PE는 직접적인 회수 방안도 활발히 사용한다. 전자에서 기업가치 제고 역량이 중요했다면, 후자에서는 재무구조 설계 역량이 중요한데, 리캡이 그 대표적인 전략이다.

예를 들어 PE가 기업가치 100, 순차입금 0, 지분가치 100인 기업을 인수금융 없이 전액 자본으로 인수했고, 5년 뒤 기업가치 200에 매각했다고 하자. 순차입금이 없으므로 지분가치인 200만큼을 회수하게 되어, 초기 투자금은 100, 5년 뒤 회수금은 200이 되고 IRR은 14.9%가 된다. 그렇다면 이번에는 인수 2년 뒤 금리가 낮아져 리캡을 통해 50만큼을 차입해 그대로 배당으로 회수했다면 어떨까?

이 경우 매각 시 순차입금이 50이므로 지분가치는 150(200 - 50)이 되어, 초기 투자금 100에 대해 2년 후 50(리캡), 5년 후 150을 회수하게 된다. 이때 IRR은 18.4%로 상승한다. MOIC는 2배로 같지만, 리캡을 통한 조기 회수로 IRR을 높인 것이다.

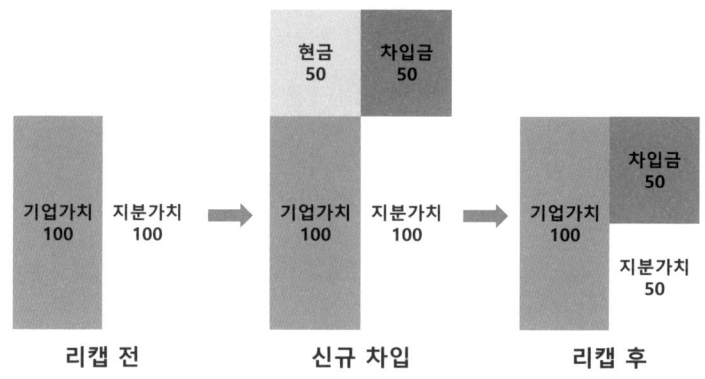

이러한 LBO, 리캡 등 재무구조 설계 전략은 통상 그로쓰 딜에서는 쓰이지 않는데, 이유는 크게 두 가지로 요약된다. 첫 번째는 경영권이 없기 때문이다. 경영권 없이 소수 지분만 보유한 상태에서는 기업의 자산이나 현금흐름을 담보로 차입을 일으킬 수 없고, 기업이 벌어들이는 현금으로 이자를 지급하거나 부채를 상환하게 만드는 구조도 설계할 수 없다. 결국 부채를 기업에 전가할 수 없는 상황에서, 레버리지를 활용한 전략은 PE 입장에서 리스크만 크고 통제 수단은 부족한 구조가 된다.

두 번째는 그로쓰 투자는 아직 현금흐름이 안정적이지 않은, 성장 단계에 있는 기업에 투자하는 형태이기 때문이다. 이 경우 차입

자체가 기업에게 큰 부담이 되고, 미래 실적에 대한 가시성도 떨어져 차입 규모를 정하는 것조차 어렵다. 재무구조 설계를 통해 수익률을 극대화하려면 기업의 안정적인 현금창출능력과 실적의 가시성이 전제되어야 한다. PE가 바이아웃에서 실적의 변동성이 큰 산업보다 가스, 폐기물 등 이른바 캐시카우로 불리는 수요가 안정적인 산업군을 선호하는 현상도 같은 맥락에서 이해할 수 있다.

LBO는 대부분의 바이아웃 딜에서 사용되는 만큼, 새로운 사례 대신 앞서 알아본 에어퍼스트와 아웃백 바이아웃 사례를 통해 알아보자.

사례 분석 ①: LBO의 정석

먼저 IMM PE의 에어퍼스트 딜에서는 처음부터 큰 규모의 인수금융을 활용했는데, 지분 100%를 1조 3천억 원에 인수하면서 7,500억 원을 인수금융으로 조달했다. 차입의 주체는 SPC, 담보는 에어퍼스트 지분인 지분담보형 LBO였다.

2019년 에어퍼스트의 재무상태표를 보면 부채비율은 32% 수준이었지만, 자산의 대부분이 유동성이 낮은 유무형자산과 영업권인데다가 순차입금은 2천억 원이 넘었기에 재무가 건전하다고 보긴 힘들었다. 하지만 에어퍼스트의 현금창출 능력과 실적의 안정성이 매우 훌륭하다는 점을 고려할 때, 레버리지를 높여도 무리가 없다고 판단한 것으로 보인다.

IMM PE가 사후관리에 들어간 것은 인수 바로 다음 해인 2020

년이었다. 코로나가 낳은 양적완화는 유례없는 호황기를 불러왔고, 기준금리는 1%p 이상 하락해 1년 이상 0.5% 수준을 유지했다. IMM PE가 에어퍼스트를 인수한 2019년 4월에 비해 기준금리가 1.25%p 낮았고, 조기상환수수료 부과 기간인 1년도 지난 시기였으니 리파이낸싱을 단행하지 않을 이유가 없었다. 다만 고민해야 할 것은 리파이낸싱만 진행할지, 리캡까지 함께할지였다.

IMM PE는 리캡까지 진행하지는 않기로 결정했다. 이유는 두 가지인데, 첫째, 이미 충분한 레버리지를 사용하고 있었기 때문이다. 그리고 둘째, 대규모 투자를 앞두고 있었기 때문이다. 앞서 알아본 것처럼 IMM PE는 삼성전자로부터 산업가스 수주를 따내기 위해 부지를 매입했다. 새로 부지를 매입한다는 것은 설비까지 포함한 대규모 투자가 필요하다는 의미이고, 실제로 에어퍼스트는 2020~2024년 동안 8천억 원이 넘는 투자를 집행했다.

최고 실적을 달성한 2024년 에어퍼스트의 EBITDA가 1,660억 원임을 고려할 때, 연평균 1,600억 원 이상의 투자는 부담이 크다. 2021년 IMM PE가 유상증자를 통해 2,800억 원을 투입한 것을 보면, 리캡이 아니라 오히려 자본 확충이 필요했던 것이다.

2차 사후관리는 3년 뒤인 2023년 6월, 지분 30%를 블랙록에 매각하면서 이루어졌다. 일단 IMM PE는 에어퍼스트 구주 매각대금 1조 500억 원으로 인수금융 7,500억 원을 모두 상환하고, 나머지 3~4천억 원은 LP에게 분배했다. 그리고 동시에 브릿지론으로 9천억 원을 차입해 이 또한 LP에게 분배했다. 브릿지론(Bridge loan)

은 자금이 필요한 시점과 조달이 가능한 시점 사이를 이어주는 단기 대출로, 지분 매각 당시 금리 인하에 대한 기대감이 조금씩 생겨나고 있었기에 더 좋은 대출 조건을 기다렸던 것으로 보인다.

반년 뒤, 금리 인하는 결국 이루어지지 않았지만 브릿지론은 통상 6개월 이내에 리파이낸싱되는 구조이기에, 남은 지분 70%를 담보로 1조 500억 원을 신규 차입해 9천억 원은 브릿지론 상환에 사용하고, 나머지는 유상증자를 통해 에어퍼스트에 투입했다. 지분 매각과 신규 차입, LP 분배 등이 겹치다 보니 구조가 복잡한데, SPC의 재무상태표 변화를 정리해보면 다음 그림과 같다. (SPC의 재무제표가 공시되지 않아 실제 숫자와는 차이가 클 수 있다.)

(십억원)

1. 지분 매각 전

지분 100%	1,300	인수금융	750
		자본	550

2. 지분 30% 매각 (1조5천억원)

지분 70%	910	인수금융	750
현금	1,050	자본	1,210

3. 인수금융 전액 상환

지분 70%	910	인수금융	0
현금	300	자본	1,210

4. LP 분배 (3천억원)

지분 70%	910	인수금융	0
현금	0	자본	910

5. 신규차입 (1조5천억원)

지분 70%	910	인수금융	1,050
현금	1,050	자본	910

6. 자금 투입(유상증자, 1,400억원)

지분 70%	1,050	인수금융	1,050
현금	910	자본	910

7. LP 분배 (9천억원)

지분 70%	1,050	인수금융	1,050
현금	10	자본	10

출처: 언론종합, DART

결과적으로 LP에게는 총 1조 2천억 원의 자금이 분배됐다. 언론이나 공시에 드러나진 않았지만, 본 거래 전 인수금융 중 일부는 상환된 상태였을 것이고, LP에게는 더 많은 자금이 분배됐을 것이다. 초기 투자 자본과 2021년 유상증자를 통한 추가 자금 투입을 고려했을 때, 이미 출자한 자본의 두 배 가까이, 혹은 그 이상을 회수한 셈이다.

SPC의 부채는 늘리고 자본은 줄여 모두 LP에게 분배하는 형식은, 피인수기업이 차입으로 조달한 자금을 배당하는 정석적인 리캡의 형태는 아니지만, 자본구조 재조정 및 투자금 회수의 측면에서 일종의 간접형 리캡이라고 볼 수 있다. 그리고 이렇게 공격적인 리캡을 단행한 이유는 두가지 측면에서 해석 가능하다.

첫째, 에어퍼스트의 재무상태가 매우 건전해졌기 때문이다. 2023년 에어퍼스트의 재무상태표를 보면 부채비율은 44%이고, 순현금(현금 − 차입금)은 1,700억 원 이상이다. 현금이 차입금보다 많다는 뜻이다. 벌어들인 현금은 모두 투자에 사용되었지만 두 차례에 걸친 유상증자로 4,800억 원을 투입했다 보니, 현금이 앞으로의 사업을 영위할 정도로는 충분히 남아있었다.

둘째, 담보가치가 올랐기 때문이다. 빠른 회수는 IRR을 높이는 데에 결정적인 만큼 기업의 재무건전성이나 영업상황이 받쳐준다면 회수가 가능할 때 리캡을 통해 빨리 회수하는 편이 나은데, 문제는 담보가치가 이를 받쳐줘야 한다는 것이다. LTV$^{\text{Loan To Value ratio}}$는 담보인정비율로 담보가치 대비 대출금액의 비율을 나타내는데, LBO 시 LTV의 한도는 통상 30~70% 수준이다.

IMM PE가 2019년 에어퍼스트를 인수할 당시 지분가치가 1조3

천억 원, 그중 인수금융이 7,500억 원이었으니 LTV는 58% 수준이었다. 그런데 블랙록과의 딜에서 계산된 지분가치가 3조5천억 원 이상으로 올라 지분 70% 기준 2조4,500억 원이었고, LTV 50% 적용 시 차입가능금액은 1조2,250억 원이었다. 즉, 70%의 지분만으로도 담보가치가 높아져 더 많은 레버리지를 일으킬 수 있었고, 빠르게 자금을 회수할 수 있었던 것이다.

2차 사후관리가 완료된 후 2년이 지난 지금, IMM PE와 블랙록은 동시에 에어퍼스트 인수금융에 대한 리파이낸싱을 추진 중이다. 만기는 남아 있지만, 당시보다 기준금리가 0.75%p 인하되었기 때문이다. 계속된 실적 개선으로 기업가치가 더 올랐을 것으로 예상되는 상황에서, 이번에도 IMM PE가 리캡을 단행해 리스크를 감수하고 IRR을 높이려는 시도를 이어갈지 궁금하다.

사례 분석 ②: 기업가치 제고에 기반한 리캡

IMM PE의 사례를 통해 LBO와 리파이낸싱, 리캡에 대해서는 이미 충분한 이해가 되었을 것이라 생각한다. 남은 사례는 간단한 구조와 특이점만 알아보도록 하자.

스카이레이크는 2016년 아웃백을 560억 원에 인수하며 인수금융을 사용하지 않았다. 인수 직후 아웃백으로부터 150억 원을 배당으로 수취해 LP에게 분배하긴 했지만, 차입금을 늘리지는 않았다. 당시 아웃백은 매장 수, 매출, 이익이 모두 하락세를 걸어 본사도 포기할 정도로 상황이 좋지 못했으나, 스카이레이크가 턴어라운드를 노리고 도전적으로 인수한 건인 만큼, 레버리지까지 사용하기에는 부담됐던 것으로 보인다.

1차 리캡은 2018년이었다. 총 규모는 400억 원으로, SPC와 아웃백이 각각 200억 원을 차입해 모든 자금이 LP에게 분배되는 구조였다. 아웃백이 차입한 200억 원은 당해 상환하였으니, 사실상 아웃백이 벌어들인 현금을 배당한 구조라고 볼 수 있다. 2017년 아웃백이 벌어들인 이익 중 50억 원이 이미 분배된 상황이었으니, LP들은 결국 2년 만에 투자원금 이상을 회수하게 되었다.

인수 시에는 인수금융을 활용하지 않고 2년 뒤에 리캡을 단행한 이유는 스카이레이크가 아웃백이 턴어라운드에 완전히 성공했다고 판단했기 때문일 것이다. 2016년 100억 원 수준이던 EBITDA는 2017년에는 150억 원, 2018년에는 225억 원으로 증가했다.

이어진 2차와 3차 리캡은 모두 SPC가 차입해 LP에게 일부를 분배하는 구조로, 각각 2020년과 2021년 이루어졌으며 규모는 630억 원과 1,100억 원이었다. 이 역시 아웃백의 실적이 계속해서 상승세를 이어갔기에 가능한 일이었다. 차입한 금액 중 일부는 기존 차입금 상환에 사용됐을 것이기에 정확히 어느 정도의 규모가 LP에게 분배되었는지는 알 수 없지만, 5년 만에 투자원금의 3배 이상을 회수했을 것으로 예상된다.

그리고 2021년 11월, 스카이레이크는 아웃백을 BHC에 2,700억 원에 매각했다. 최종적으로 차입한 1,100억 원을 상환하고 남은 금액이 모두 LP에게 분배되었다고 보면, 스카이레이크는 원금의 7배 이상을 회수한 셈이다. 제반 비용과 공개된 자료만 고려하면 IRR은 30~40%에 육박한다.

불확실성이 클 때는 리스크를 최소화해야 한다. 리캡을 활용하면 인수 시점이 아니더라도 재무 구조 설계를 통한 수익률 극대화가 가능하다. 불안할 때는 두들겨 보고 건너는 자세가 필요하다.

사례 분석 ③: 실패도 극대화하는 LBO

이번에는 LBO를 사용하고 기업가치 제고에 실패한 사례를 알아보자. 모두가 알고 있을, 2025년 초 자본시장을 시끄럽게 한 MBK파트너스의 홈플러스 바이아웃이다.

MBK파트너스는 2015년 테스코로부터 홈플러스 지분 100%를 인수했다. 이중 약 3조 원은 인수금융을 활용했는데, 앞서 살펴본 지분담보형 LBO와 같이 간단하지 않은 창의적인 딜 구조를 활용했다. LBO에 대한 이해를 한층 더 높이기 위해 해당 딜 구조를 자세히 설명하나, 어려운 분들은 넘어가셔도 좋을 듯하다.

MBK파트너스는 ②일단 SPC 한국리테일투자를 통해 홈플러스 매장 내에서 빵을 판매하는 작은 자회사인 홈플러스베이커리 지분 100%를 120억 원에 인수했다. 그후, 사명을 홈플러스홀딩스로 전환하고 유상증자로 3조500억 원을 투입했다. (CB로 투자한 후 보통주 및 우선주로 전환하는 형태였으나 투자 직후 전환했기에 사실상 유상증자를 한 형태와 같다.)

홈플러스홀딩스가 ③유상증자로 수취한 자금 중 8,500억 원은 홈플러스의 다른 자회사 홈플러스테스코(이후 사명을 '홈플러스스토어즈'로 변경)를 인수하는 데에 사용되었다. 이 과정에서 기존 주주였던 홈플러스와 테스코가 각각 4,250억 원을 수취하게 되었다. 다음으로, 인수 자금을 차감하고 남은 2조2천억 원은 유상증자를 통해 홈플러스테스코에 투입되었다. 마지막으로, 홈플러스테스코가 ④3조 원의 인수금융을 조달하여 총 5조2천억 원을 테스코에게 지급해 홈플러스 지분 100%를 인수했다. (결제가 달러화로 이루어졌기에 금액에 1~2천억 원 정도 차이가 있을 수 있다.)

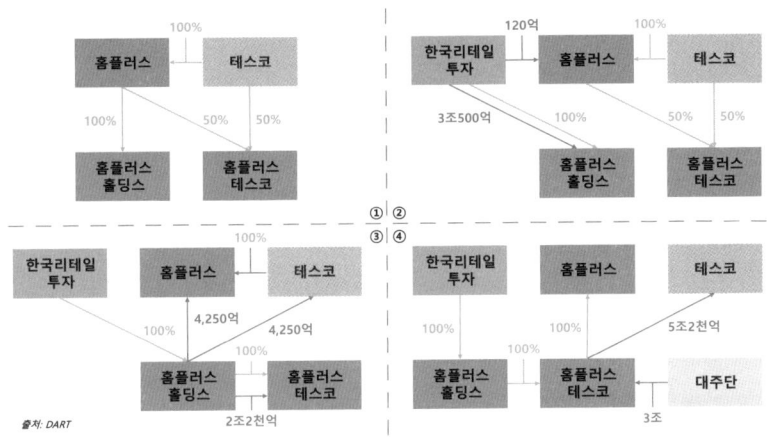
출처: DART

결과적으로, 테스코는 해당 딜을 통해 5조6,250억 원을 수취했고, MBK파트너스는 홈플러스베이커리 인수 자금으로 120억 원, 유상증자로 3조5백억 원, 총 3조620억 원의 자기자본을 투입했다. 이중 4,370억 원은 홈플러스에게 지급되었으니 테스코에게는 2조6,250억 원을 지급한 셈이고, 테스코가 수취한 나머지 3조 원은 홈플러스테스코가 조달한 인수금융이다. 기존의 복잡했던 지배구조는 'PEF - 한국리테일투자(SPC) - 홈플러스홀딩스 - 홈플러스테스코 - 홈플러스'의 수직구조로 재편되었다.

  최근 홈플러스 사태가 이슈화되며 언론에서 당시 거래 규모가 7조 원 이상이었다고 하는데, 이는 홈플러스가 과거 테스코가 대여해 줬던 1조 4천억 원을 조기 상환했기 때문이다. 테스코가 고금리로 홈플러스에게 자금을 대여하여 이자를 수취하고 있었기에, MBK파트너스가 홈플러스를 인수하며 해당 부채를 리파이낸싱한 것이다. 따라서 해당 1조 4천억 원을 거래 금액에 포함시킬 수는 없다. 채권자가 매각자이긴 하지만, 원래 상환해야 할 부채를 조기 상환한 것에 불과하기 때문이다.

  독자분들도 아시다시피, MBK파트너스의 인수 이후 홈플러스는 내리막길을 걸었다. 크게 두 가지 이유가 있는데, 이커머스 시장의 성장과 대형마트 규제이다.

  2015년 기준 55조 원 규모였던 이커머스 시장은 2020년에는 160조 원으로, 2024년에는 250조 원으로 성장했다. MBK파트너스가 홈플러스를 인수한 이후 5년 동안 이커머스 시장이 3배 성장한 것이다.

  또한, 2012년 3월 대형마트 의무휴업 조항이 포함된 유통산업발전법이 개정되었고, 이는 대형마트가 제대로 영업하기 힘든 환경을 만들었다.

  홈플러스의 매출과 EBITDA는 2014년 7조 500억 원, 5,600억 원에서 2018년 6조 4,100억 원, 3,200억 원으로 감소했다. 대전 지역에서 영업하던 홈플러스스토어즈 역시 상황이 악화되었는데,

이에 대한 영향을 받은 것인지, 아니면 인수 당시부터 계획을 세웠는지는 확실치 않지만, MBK파트너스는 2019년 홈플러스홀딩스·홈플러스스토어즈·홈플러스의 합병을 단행했다. 앞서 알아본 합병형 LBO의 형태다.

합병에 따라 홈플러스스토어즈의 부채 2조 8,500억 원은 홈플러스에 전가되었다. 게다가 같은 시기 기업회계기준서 제1116호가 개정되어, 기존에 계상하지 않았던 운용리스를 리스부채로 재무상태표에 기록해야 했고, 두 상황이 겹치며 홈플러스의 재무 상태는 극도로 악화되었다.

2019년 부채비율은 860%로 상승했고, 이자 비용은 4천억 원이 넘어갔다. 1,600억 원에 불과한 영업이익으로 충당하기에는 역부족이었다. MBK파트너스는 인수 후부터 부동산을 매각하고, 점포를 매각한 후 다시 임대하는 세일 앤 리스백 전략을 펼쳐왔다. 유동성에 대한 위기감이 퍼진 후에는 전략의 강도를 높이기도 했지만, 상황이 나아지진 않았다. 홈플러스 익스프레스를 통한 즉시 배송 서비스, 온라인 쇼핑몰 구축 등 여러 기업가치 제고 전략도 실패했다. 부채 부담으로 인해 적절한 시기에 적절한 투자를 하지 못했으니, 어찌 보면 당연한 일이었다.

결국 홈플러스는 자본잠식에 빠지기까지 했고, MBK파트너스는 2025년 3월 홈플러스의 기업회생을 신청했다.

이처럼 기업가치 제고에 실패하는 경우, LBO와 같은 재무구조 설계 전략으로 리스크를 진 행위에 대한 대가는 상당하다. 초반부에 언급한 KKR의 RJR Nabisco 딜도 과도한 부채 부담으로 인해 실패로 끝났고, 그 이후 역대 최대 LBO로 기록된 KKR·TPG·Goldman Sachs 컨소시엄의 TXU 바이아웃도 TXU가 부채를 감당하지 못하고 파산 보호를 신청하며 마무리되었다.

   리스크는 확실한 때에, 확실한 카드를 가진 자가 져야 감당할 수 있다.

Private Equity:

제2부

PE의 과거, 현재, 미래

제6장

국내 PE의 현위치

산업 내 경쟁

최근 동향

기업사냥꾼보다는 수익사냥꾼

06

국내 PE의
현위치

 글로벌 PE는 100년 이상의 역사를 가지고 있으며, 미국의 KKR과 Blackstone 같은 탑티어 PE들은 1970~1980년대에 부흥하여 지금까지 활발히 영업을 이어오고 있다. 반면, 한국은 2004년에 들어서야 처음으로 PEF 제도를 도입했다.

 당시 PEF 제도가 탄생한 배경은 구조조정과 해외 자본에 대한 대응이었다. 1997년 IMF 외환위기 이후 국내 우량 기업 다수가 위기에 빠졌고, 자금 흐름이 막혀 자체적으로 위기를 극복할 방법이 없었다. 이를 틈타 해외 자본이 국내 시장에 대거 진입했으며, 당시 대표적인 딜인 미국 PE 론스타의 외환은행 인수 건은 아직도 국민들의 기억에 깊이 남아 있다.

 이에 따라 대규모 자금을 유연하게 투입할 수 있는 국내 플레이어에 대한 수요가 늘었고, PEF 제도가 도입되었다. 제도 출범 당시에는 미래에셋맵스자산운용과 우리은행이 결성한 두 개의 펀드만 있었으며 약정액도 4천억 원에 불과했다. 그러나 이후 PEF에 대한 출자가 급증하면서, 현재는 1천 개 이상의 PEF가 운용되고 있고 약정액 총합은 140조 원을 넘어섰다.

LLP들이 PEF 출자를 늘리는 이유는 국내 주식시장이 장기간 저조한 수익률을 보이는 가운데, PEF가 상대적으로 높은 수익률을 기록하고 있고 사모펀드가 공모펀드에 비해 자율성이 높기 때문이다. 실제로 지난 12년 동안 공모펀드 시장은 연평균 3% 성장에 그친 반면, PEF 시장은 동기간 연평균 13%의 성장률을 기록했다.

산업 내 경쟁

2023년 말 기준 금융감독원에 등록된 PEF 약정액 총합은 136조 원이고, PE의 개수는 422개이다. 그런데, 상위 14개, 즉 상위 3.5% PE의 PEF 약정액 총합이 67조 원으로 전체의 절반가량을 차지한다. 한국 국민 10분위의 순자산이 전체 순자산의 약 43%를 차지한다고 하니, PE가 느끼는 빈부격차는 한국 국민이 느끼는 빈부격차보다 훨씬 심한 수준이다.

2023년 기관전용 사모펀드 현황		
순위	운용사 명칭	약정액
1	한앤컴퍼니	13,605.3
2	엠비케이파트너스	11,841.3
3	스틱인베스트먼트	6,475.8
4	아이엠엠프라이빗에쿼티	6,471.0
5	아이엠엠인베스트먼트	5,587.9
6	연합자산관리	3,456.9
7	한국산업은행	3,265.7
8	맥쿼리자산운용	2,939.8
9	브이아이지파트너스	2,629.4
10	유씨케이파트너스	2,534.3
11	스카이레이크에쿼티파트너스	2,524.6
12	한국투자프라이빗에쿼티	2,513.5
13	제이케이엘파트너스	1,965.9
14	글랜우드프라이빗에쿼티	1,591.6

단위: 십억원, 출처: 금융감독원

하지만 역설적이게도 중소형 PE와 PEF는 빠르게 증가해왔다. 2015년 167개였던 PE는 2023년 422개로 늘었고, 이 중 AUM 1조 원 이상의 대형사는 8%에 불과한 반면, AUM 1천억 원 미만의 소형사는 53%에 달한다. 이러한 현상은 PE의 비즈니스 모델과 산업의 성장 과정을 통해 설명할 수 있다.

1장에서 알아봤듯이 PE의 비즈니스는 LP로부터 시작한다. 그러나 LP가 검증되지 않은 GP에게 거금을 곧바로 출자할 수는 없다. PE가 철저히 인력 비즈니스라는 점을 고려하면, 이는 사람, 핵심 운용역에 대한 검증을 뜻한다.

그렇기에, 심지어는 대학생 창업자도 종종 보이는 다른 산업의 스타트업과 달리, PE 창업자의 나이는 대부분 30대 중반을 넘어간다. 운용 업계에서 경험을 쌓으며 능력을 입증하고, LP와의 관계를 형성할 충분한 시간이 필요하기 때문이다. 중소형 PE가 늘어나는 현상은, PEF 제도가 도입된 지 20년이 지나면서 그동안 업계에서 경험을 쌓은 운용역들이 독립해 창업하는 사례가 늘어난 것으로 해석할 수 있다. 운용역이 PE 내에서 자신을 핵심 인력이라 여기고, 독립 하우스를 창업해 투자를 잘할 자신이 있다면, 창업했을 때 기대되는 수익은 직원으로 근무할 때보다 훨씬 높기 때문이다.

또한 공모주 시장은 중소형 PE가 늘어날 수밖에 없는 환경을 만들어왔다. 상장이 쉬웠던 데다 저금리 기조로 후한 밸류에이션이 적용되면서, 공모 규모가 지속적으로 증가해왔기 때문이다. 기관투자자는 개인투자자보다 공모주 청약을 받기 수월하고, 시장이 좋을 때는 상장 당일에 100~200% 이상 상승하는 경우도 많아 수익을 내기 좋은 환경이었다.

이러한 중소형 PE의 증가는 경쟁의 심화로 이어졌다. 중소형 PE가 투자할 만한 규모의 기업은 경제 성장 속도에 맞춰 증가하기에 제한적인 반면, 하우스의 수는 빠르게 늘어났기 때문이다. 중소형 PE의 증가세가 LP들의 출자 규모 증가세보다 빠르기에, 출자 경쟁 또한 심화되었다.

산업의 성장에 기대어 성장하던 시기는 지났다. 이제는 특화된 지식을 바탕으로 특정 산업군에 집중 투자하거나, 새로운 기업가치 제고 전략을 내세우는 등 개별 하우스만의 명확한 전략이 필요하다. 이러한 면에서 2014년에 첫 펀드를 결성한 뒤, 뛰어난 딜 소싱 역량과 해외 진출 전략을 바탕으로 10년 만에 업계 10위 자리에 오른 UCK파트너스는 모범적인 사례라 할 수 있다.

그렇다면, 과거부터 쌓아온 성과를 바탕으로 대형사 반열에 오른 PE들은 어떨까? 이들이 마주한 고민은, 몸집이 커지면서 이전보다 성과를 내기 어려워졌다는 점이다. 주식 투자에서도 백만 원으로 연습 삼아 투자할 때와, 대출을 받아 인생을 걸고 투자할 때는 마음가짐뿐 아니라 투자 방식 자체가 달라지기에 성과를 내기 힘들어진다. PE의 투자에서는 이 현상이 훨씬 더 뚜렷하게 드러난다.

여기에는 몇 가지 이유가 있는데, 첫째, 펀드 규모의 증가에 따라 투자 규모 역시 커지면서 자연스럽게 밸류에이션이 높아지기 때문이다. 최고의 딜 소싱은 매각자에게 조용히 접근해 좋은 조건으로 협상하는 방식이다. 하지만 딜의 규모가 커지면 매물에 대한 소식이 시장에 퍼지고, 많은 거래가 경쟁 입찰로 진행된다. 매각자는 더 높은 가격을 받기 위해, 다른 잠재적 인수자가 더 높은 가격을 써냈다는 일종의 블러핑을 하기도 한다. '승자의 저주'라는 말처럼, 이러한 환경에서는 딜을 따내더라도 높은 밸류에이션의 부담을 안고 전략을 짤 수밖에 없다.

둘째, 기업가치 측면에서 1천억 원에서 2천억 원으로의 성장보다, 1조 원에서 2조 원으로의 성장이 압도적으로 어렵기 때문이다. 성장률만 따지면 100%로 같지만, 전자는 1천억 원의 가치를 추가로 창출해야 하는 반면 후자는 1조 원의 가치를 추가로 창출해야 한다. 절대적으로 10배 더 큰 가치를 만들어내야 한다는 점에서,

난이도는 비교가 되지 않는다.

    이와 같은 어려움은 시장점유율 관점에서도 드러난다. 작은 기업은 시장점유율이 낮아 진입 가능한 틈새가 많고, 경쟁자들의 견제도 상대적으로 덜 받는다. 반면, 이미 일정 이상의 시장점유율을 확보한 큰 기업은 추가적인 시장점유율 확대가 구조적으로 어렵다. 독점·과점 규제 대상이 되기 쉬울 뿐 아니라, 대규모 조직의 특성상 새로운 전략을 시도하기도 쉽지 않기 때문이다. 결국 이들은 점유율을 넓히기보다는 기존 점유율을 유지하는 데 집중하게 되고, 외형 성장을 위해서는 시장 자체를 키우는 수준의 혁신이 요구된다.

    셋째, 기업가치 제고에 성공하더라도 이를 인수할 잠재적 인수자가 적기 때문이다. 1조 원 이상, 큰 규모의 딜은 자주 성사되지 않는다. 딜이 자주 성사되지 않는다는 말은 매물 자체가 희귀하다는 말이기도 하지만, 그만큼 시장참여자가 적어 유동성이 낮다는 말이기도 하다. 1조 원에서 2조 원으로의 기업가치 제고에 성공하더라도, 일부 대기업과 대형 PE가 아니면 이를 인수할 주체가 없다.

    규모가 작을 때는 하우스 고유의 투자 전략과 전문성을 앞세워 차별화된 성과를 낼 수 있지만, 규모가 커질수록 자연스럽게 검토하는 매물이 다른 대형 PE들과 겹치게 되고, 원하는 딜에만 접근하기도 어려워진다. 결국 앞서 언급한 밸류에이션 부담, 성장의 한계, 낮은 유동성 등 여러 장애물을 모두 뛰어넘어야 한다.

    기업가치 제고가 어렵다면, 수익률을 높이기 위한 정교한 재무

구조 설계 전략이 중요해지고, 인수 후보가 제한적인 대형 딜일수록 진입 시점부터 명확한 엑싯 전략을 확보하는 것이 핵심이 된다. 과연 누가 이 복잡한 퍼즐을 가장 잘 맞추고, 대형 PE들 사이에서 새로운 지각변동을 일으킬 수 있을까.

최근 동향

이처럼 중소형 PE들은 경쟁 심화를 직면하고 대형 PE들은 구조적 한계를 마주하고 있는 가운데, 최근에는 외부 환경의 변화까지 겹쳐 업계 전체가 큰 도전에 직면했다. 2022년 전세계적으로 금리가 급상승한 이후 자금조달비용이 기하급수적으로 높아지며 펀드레이징 난이도가 급상승했기 때문이다. 2022년 신설된 PEF 개수는 2021년의 절반 수준으로 줄어들었고, 2023년에는 더 줄어들었다. 2024년부터 금리 인하 기조에 들어섰음에도 불구하고 아직 상황은 그리 나아지지 않았다.

그런데 이러한 상황에 국내 1위 PE 한앤컴퍼니는 2024년 7월 국내 투자 전용 펀드 중 역대 최대인 4조7천억 원 규모의 PEF를 결성했다. PE 비즈니스의 시작점인 펀드레이징조차 하지 못해 투자를 집행하고 PMI를 실행할 기회는 꿈도 꾸지 못하고 있는 중소형 PE와 전혀 다른 상황인데, 이는 LP가 중소형 PE나 신생 PE를 대형 PE와 다르게 바라보기 때문이다.

LP 입장에서, 유동성이 풍부하면 대형 PE는 물론이고 중소형·신생 PE에게도 도전적으로 기회를 줄 수 있다. 하지만 시장의 유동성이 감소하고, 선택과 집중이 필요한 순간이 오면 규모가 크고 과거에도 잘해온 대형 PE에게 돈을 맡길 수밖에 없다. 출자금을 회수하고 수익을 낼 확률이 더 높고, 실패하더라도 댈 핑계가 있는 투자를 하는 것이다.

펀드레이징 이후 투자집행과 엑싯의 측면에서는 어떨까? 결론부터 말하면, 차별 없이 모두가 어려움을 겪고 있다. 인수금융 금리가 상승함에 따라 LBO를 사용하기 힘들어졌고, 잠재적 인수자들이 금리 인하를 기대하며 적극적으로 투자를 집행하지 않고 있기 때문이다.

또, 저금리 시대에 인정받았던 밸류에이션이 고금리 시대의 밸류에이션과 갭이 벌어져 딜이 성사되기 힘들다는 이유도 있다. 2023년에는 국내 PE의 투자 규모가 7년 만에 감소해 드라이파우더가 40조 원에 육박하기도 했다.

2010년대 초반부터 이어진 저금리 기조와 2020년 코로나발 양적완화로 인한 풍부한 유동성에 익숙해진 국내 PE에게 급격히 찾아온 고금리는 너무나 가혹했다. 하지만 상황이 어렵다고 포기할 수는 없는 법이다. 똑똑한 이들은 업계의 새로운 트렌드를 주도하며 살길을 찾아 나섰다. 극복 방안과 더불어 PE 업계의 최신 동향을 정리해보았다.

❶ 크레딧 펀드

크레딧 펀드^{PCF, rivate Credit Fund}는 주식에 비해 비교적 채권의 성격을 띠는 증권에 투자하는 펀드다. 채권 그 자체에 투자하는 경우도 있고, CB·RCPS 같은 메자닌에 투자하는 경우도 있다. 2021년

10월 자본시장법의 개정으로 PE도 대출상품을 운용할 수 있게 되자 대형 PE들을 시작으로 많은 국내 PE가 크레딧 펀드 부서를 신설했다. 고금리와 대내외적 경기 불확실성으로 안정적인 투자처에 대한 LP의 수요가 늘어났기 때문이다.

국내 주요 PE 크레딧 펀드 현황			
PE	출범시기	명칭	규모(약정액 기준)
IMM PE	2020.09	IMM크레딧앤솔루션	1조2천억원 이상
스틱인베스트먼트	2021	크레딧본부	3천억원 목표 결성 중
VIG파트너스	2021.11	VIG얼터너티브크레딧	2천억원 이상
글랜우드PE	2022.02	글랜우드크레딧	4천억원 이상
JKL파트너스	2022.11	JKL크레딧인베	3천억원 이상

출처: 언론종합, 금융감독원

글로벌 PE는 일찌감치 크레딧 투자를 집행해왔다. 직접대출에만 투자하는 **대출 펀드**^{PDF, Private Debt Fund}도 활발하게 운용되고 있고, KKR의 운용자산 중 40%가 크레딧 투자일 정도다. 하지만 국내는 역사가 짧은 만큼 이제야 새로운 시장이 열렸다. 법의 개정과 매크로가 불러온 변화이긴 하지만, PE 산업의 발전과 함께 언젠가 찾아올 미래이기도 했다. 글로벌 PE가 그러하듯 전통적인 경영참여 투자를 시작으로 시간이 지나며 자산군이 다변화되고 있다고 볼 수 있다. (글로벌 PE의 자산군은 전통적인 PE의 투자 영역에 더해 부동산, 인프라, 크레딧 등으로 분산되어 있다.)

❷ Co-GP 펀드

Co-GP 펀드는 두 개 이상의 GP가 컨소시엄을 구성해 공동으로 결성하는 펀드다. 이는 단독으로 펀드레이징이나 딜 소싱을 수행할 역량이 부족하거나, 특정 펀드를 운용하기 위해 타 GP의 전문성과 자격이 필요한 경우에 주로 결성된다. 특히 최근처럼 펀드레이징이 어려운 시기에는, 대형 딜을 목표로 삼을 때 각자가 보유한 네트워크를 활용해 자금을 모집하고 이를 결합하려는 유인이 커진다. 물론 펀드 관리나 법적 책임 측면에서는 단독 운용이 더 간편하지만, 어려운 환경에서는 공동 운용을 선택하는 것이다.

Co-GP 구조의 장점은, 단독으로는 진행하기 어려웠던 딜을 성사시킬 수 있어 비즈니스를 시작하고 트랙레코드를 쌓을 수 있다는 점이다. 그러나 단점도 분명히 존재한다. 펀드 결성 초기에는 의기투합했더라도 시간이 지나면서 이해관계가 달라질 경우 갈등이 발생할 수 있다. 실제로 일부 경우에는 공동 GP 간에 주주총회 의결권 다툼이 벌어지기도 한다. 또한 보수를 나누어야 하기에 운용 규모에 비해 수익성이 낮아지고, 법적 분쟁 가능성도 존재한다.

❸ 세컨더리 딜

세컨더리^{Secondary} **딜**은 FI 사이에 이루어지는 거래를 의미한다. 지금까지 알아봤던 대부분의 투자의 경우, 개인이 소유한 기업을 인수하거나 그룹의 계열사를 인수하는 형태였다. 매각도 FI(재무적 투자자)보다는, SI(전략적 투자자)가 사업 다각화나 기존 사업 확장 등을 이유로 지분을 인수하며 이루어졌다. 반면 세컨더리 딜의 경우 VC나 PE 등 FI가 서로의 지분을 인수하는 형태다.

세컨더리 딜이 주목을 받는 데에는 크게 두 가지 이유가 있다. 첫째, PEF 시장의 성장기에 결성된 많은 펀드의 만기가 도래하면서, 이들이 포트폴리오의 기업을 매각해 FI발 매물이 증가했기 때문이다 둘째, 고금리 환경에서 SI들이 사업의 다각화나 확장보다는 축소를 택하며 투자 여력을 줄이고 있기 때문이다. 역대 최대 규모의 드라이파우더를 달성해 투자 여력이 많은 PE와는 다른 상황이다.

세컨더리 딜은 양측 FI에게 윈윈이 된다. 매각 측 입장에서는 빠른 엑싯을 통해 IRR을 높일 수 있고, 인수 측 입장에서는 빠른 자금 회수를 목적으로 하는 매각 측의 상황을 이용해 검증된 기업을 저렴한 가격에 인수할 수 있다. 2024년 국내에서 성사된 1조 원 이상의 딜은 대부분 세컨더리 딜이었으며, 실제로 자본시장연구원에 따르면, 지난 10년간 PEF의 엑싯 방안 중 세컨더리가 20% 이상을 차지했다.

❹ 컨티뉴에이션 펀드

컨티뉴에이션 펀드$^{Continuation\ Fund}$는 GP는 그대로 유지하고, 기존 PEF가 보유한 우량한 자산이나 기업을 신규 PEF로 이전하는 전략으로, LP만 바뀌고 PE는 장기투자를 이어가는 구조다. 해외에서는 엑싯 및 장기투자 전략 중 하나로 활발히 활용되고 있었으나 국내에서는 2022년 한앤컴퍼니가 2016년 인수한 쌍용C&E를 대상으로 최초로 사용했다.

컨티뉴에이션 펀드의 가장 큰 장점은 기존 LP의 엑싯을 돕는다는 점이다. 우량하고 좋은 기업임에도 유동성이 감소해 딜이 잘 이루어지지 않는 환경이라면 훗날 금리가 인하되고 제값을 받을 수 있는 환경을 기다리는 것이 우월전략일 수 있는데, 기존 PEF의 만기가 도래하거나 LP가 조기 회수를 원하는 경우 일단 자금을 회수해야 하니 새로운 펀드를 결성하는 것이다.

하지만 일각에서는 이미 많은 기업가치 제고와 재무구조 설계 전략을 활용한 동일 GP가 신규 LP에게도 수익을 안겨줄 수 있는지, 그리고 동일 GP 내의 거래를 진정한 엑싯이라고 할 수 있는지에 대해 의구심을 품고 있다. 국내에서는 2022년이 되어서야 첫 사례가 나온 만큼, 좋은 성과를 낼 수 있을지 지켜봐야 할 전략이다.

기업사냥꾼보다는 수익사냥꾼

지금까지는 업계 내부의 구조와 전략을 중심으로 살펴보았다. 그렇다면 시장 밖에서는 PE를 어떻게 바라보고 있을까?

사실 PE에 대한 대중의 인식은 냉담하다. 때로는 가능한 모든 부정적 수식어를 갖다 붙여 비난한다는 느낌마저 받는다. 하지만 이러한 평가가 통계와 논리에 기반한 진정한 '비판'인지, 아니면 단순한 감정적 '비난'인지 구분하기는 쉽지 않다. 대표적인 PE에 대한 오해와 진실을 알아보았다.

❶ 무조건적인 인력 감축과 비용 절감

PE에 대한 가장 큰 오해는, PE가 기업을 인수하면 인위적인 구조조정을 통해 대규모 인력 감축을 단행하고 필요한 투자를 줄여 결국 기업을 망가뜨린다는 것이다. 그러나 이는 통계적으로도, 논리적으로도 사실과 거리가 먼 주장이다.

자본시장연구원은 『국내 PEF의 가치제고와 투자성과 분석: 제도 도입 20년의 평가』를 통해 국내 PEF의 투자 사례 135건을 분석한 바 있다. 본 연구에 따르면, 기업가치 제고의 73.3%는 매출 증가에서, 36.2%는 멀티플 상승에서 비롯된 것으로 나타났다. 반면, 수익성 개선은 오히려 기업가치를 9.5% 감소시키는 요인이었다. 즉, 수익성 개선을 통한 가치 제고 역량은 미흡했다는 의미다.

또한 2장에서 언급했듯, 인수 후 무분별한 인력 감축과 비용 절감을 단행하는 기업은 인수 매력이 없다. 기업가치는 결국 미래에 창출할 이익과 현금흐름에 따라 결정되는데, 인력을 줄이고 필요한 투자를 소홀히 한 기업이 높은 가치를 인정받을 리가 없기 때문이다. 뉴스톱 기사의 표현을 잠시 빌리겠다. '망가진 회사를 비싼 값에 사는 바보는 시장에 없다.'

❷ 기업사냥꾼의 '먹튀'

기업사냥꾼은 단기적인 이익만을 추구하는, 소위 '먹튀'를 목적으로 기업을 약탈하는 자들을 말한다. 기업사냥꾼으로 알려진 대표적인 인물은 칼 아이칸으로, 1980년대 미국에서 적대적 M&A 전문가로 활동하며 이름을 알렸다. 1987년에는 그를 배경으로 한 《월스트리트》라는 영화가 제작되기도 했다. 국내에서 기업사냥꾼은 과거 일부 투자자들이 사채업자로부터 대출을 받아 무자본으로 코스닥 시장의 소규모 기업을 인수한 뒤 여러 범죄를 일으키며 사회적으로 알려졌다.

기업사냥꾼의 정의가 애매하긴 하지만, 우선 PE를 기업사냥꾼이라고 할 수 있느냐는 문제가 있다. PE는 기업을 인수하고 3~6년 뒤 매각하여 수익을 올리는 것을 목적으로 한다. ①에서 알아본 것처럼 이 기간 동안 단기적인 수익 추구를 목적으로 무분별한 배당을 할 수도 없고, 무작정 투자를 줄일 수도 없다. 결국 PE는 더 높은 기업가치를 인정받는 것을 목표로 기업을 운영할 수밖에 없기에, 정의부터 기업사냥꾼과는 다르다.

또한, 3~6년이라는 기간을 단기적이라고 하기에도 무리가 있다. 3~6년은 기업의 체질이 바뀌기에도 충분한 기간이며, 주식투자 기간으로도 짧다고 볼 수 없기 때문이다. 한국이라는 국가가 재벌과 오너 중심으로 성장해왔다 보니, 경영권을 가진 자는 기업가정신을 가져야 한다는 정서가 깊게 자리 잡고 있는 듯하다.

그러나 주주는 기업의 소유자이며, 최대주주의 경영권 행사는 자연스러운 일이다. 소수 지분으로 경영권을 지키기 위해 소액주주를 무시하거나, 기업의 자산을 사적으로 편취하는 오너의 행태를 비판하면서, 정당하게 기업을 인수해 경영권을 행사하는 PE를 비난하는 것은 모순이다. 국내에도 주주 자본주의가 깊게 뿌리내려, 경영권 행사와 기업 소유의 본질이 보다 건강하게 인식되는 날이 오기를 바란다.

2025년초 자본시장의 가장 큰 화젯거리는 홈플러스의 기업회생 신청이었다. 5장에서 알아본 것처럼, 홈플러스가 영업상황 악화로 인해 과도한 부채 부담을 견디지 못했고, 그 뒤에는 아시아 최대의 PE MBK파트너스가 있었기 때문이다.

국내 최대 규모의 LBO가 실패로 끝났다는 점은 매우 아쉽다. 승자의 저주를 증명한 꼴이 되고 말았다. MBK파트너스가 강한 비판을 받는 것 또한 어쩔 수 없다고 생각한다. 하지만 국내 PE 업계가 위축되지 않기를 바라는 한 사람으로서, 본 사건의 본질을 파헤치고 정당하게 비판할 점만 비판했으면 하는 바람이다.

먼저, 매장수가 줄어든 것 자체를 온전한 MBK파트너스 탓으로 돌리기에는 무리가 있다. 내수가 호황이고 다른 대형마트는 확장을 하는 가운데 무리한 배당을 위해 점포를 매각했다면 모르겠지만, 분명 지난 10년은 대형마트 3사 모두에게 최악의 시기였기 때문이다. 2016년에서 2025년 롯데마트의 매장수도 132개에서 110개로, 이마트의 매장수도 142개에서 132개로 줄어들었다. 홈플러스의 경우 142개에서 127개로 줄어들어, 롯데마트와 이마트의 중간 수준이다. 홈플러스가 과도하게 사업을 축소했다고 보기 힘들다.

또한, MBK파트너스가 본 딜로 챙긴 이득은 매우 제한적이다. 허위 공시가 아니라면 PEF로 흘러 들어간 자금은 많아야 몇백억 원 수준이고, 그간 홈플러스가 지급한 배당은 대부분이 이자비용으로 지출되었다. 본 사건의 본질은, 국내 기업을 약탈하고 알짜 자산을 매각해 자신들만 이득을 본 기업사냥꾼이 아니라, 투자와 경영의 실패일 뿐이다. 이재용 회장의 경영 실패로 삼성이 경쟁력을 잃은 상황과 다를 바가 없다. MBK파트너스를 질책해야 하는 핵심 주체는 제삼자가 아닌, 손실을 본 LP여야 맞다.

PE의 투자로 가장 큰 수익을 챙기는 이들은 PE가 아니라 LP다. PE의 투자를 통한 수익의 80% 이상은 자본을 제공한 대가로 LP에게 귀속되기 때문이다. 그리고 국내 PEF의 LP는 연기금, 공제회, 금융기관 등 대규모 자금을 운용하는 기관투자자다. 국민들의 노후를 책임지는 국민연금도 주요 LP라는 뜻이다. 그간 PEF가 기록해온 높은 IRR과 국민연금의 지속적인 출자 증가를 감안할 때, PE가 국민의 노후 자산 형성에 일정 부분 기여했다고 봐도 과언이 아니다.

물론 PE에 대한 비판 중 일부는 실제 사례에 근거하기도 한다. 만약 홈플러스가 기업회생을 신청하기 직전 회사채를 불완전판매한 것이 사실이라면, 당연히 의사결정권자가 처벌을 받아야 맞다.

그러나 지적되는 폐해 가운데 상당수는 논리와 통계에 기반하지 않은 일방적 주장에 불과하다. 일부 사례만을 근거로 업계 전체를 부정적으로 단정 짓기보다는, 각 사례를 나누어 객관적으로 바라보는 태도가 필요하다.

제7장

코리아 디스카운트 해결사

코리아 디스카운트

미국의 주주 자본주의

사례 분석 ①: 적대적 M&A의 백기사

한국 PE의 역할

사례 분석 ②: 경영권 분쟁의 우군

자본시장의 메기

• 07 •

코리아 디스카운트 해결사

드라마 《스토브리그》에는 다음과 같은 대사가 나온다. '야구를 못하는 만큼만 지고 싶지, 멀리서 이동하느라 피곤해서 지는 경기는 좀 없어야겠죠.' 그렇다. 실력 외의 문제로 패배하는 건 억울하다. 하지만 국내 주식시장은 실적 외의 문제로 항상 패배하고 있다.

지난 10년간 MSCI world index(글로벌), S&P500(미국), Euro stoxx50(유럽), NIKKEI225(일본)와 한국의 코스피, 코스닥을 비교해보았다. 한국 주식시장은 글로벌과 비교해서 80%p가량 언더퍼폼하고 있으며, 자본주의의 성격이 약하고 경제 상황도 안 좋은 유럽에 비해서도 뒤지고 있다. 그간 한국의 1인당 GDP는 일본과 유럽의 많은 국가를 앞질렀음에도 불구하고 말이다.

글로벌 주식시장 지수				
지수명	국가	2014/12	2024/12	변화율
MSCI world	글로벌	1,709.7	3,707.8	116.9%
S&P500	미국	2,058.9	5,881.6	185.7%
Euro stoxx50	유럽	3,146.4	4,896.0	55.6%
NIKKEI225	일본	17,450.8	39,894.5	128.6%
KOSPI	**한국**	**1,915.6**	**2,399.5**	**25.3%**
KOSDAQ	**한국**	**543.0**	**678.2**	**24.9%**

출처: Investing.com

가장 큰 원인은 이제는 너무나 유명해진 단어, 코리아 디스카운트다.

코리아 디스카운트

코리아 디스카운트는 간단히 말해, 한국 주식이 펀더멘탈에 비해 낮은 가격에 거래되는 현상이다. 시가총액을 자본으로 나눈 PBR$^{Price\ to\ Bood\ Ratio}$과 시가총액을 당기순이익으로 나눈 PER$^{Price\ to\ Earning\ Ratio}$을 보면 한국 주식이 어느 정도의 디스카운트를 받고 있는지 확인할 수 있다. 2014~2023년 선진국 평균 PBR과 PER은 각각 2.5배, 19.7배인 데에 비해, 한국은 1.0배, 14.2배에 불과하다.

기업은 주주와 채권자로부터 자금을 조달해 이익을 창출하고, 정부에게는 세금을, 채권자에게는 이자를 지급한 후 남은 이익은 주주에게 분배한다는 목표를 가지고 있다. 이때의 분배는 배당, 자사주 매입 등의 형태이며 주주환원이라고 부른다.

2014~2023년 한국의 주주환원율(배당, 자사주 매입에 사용된 순이익의 비율)은 29%로, 선진국 평균인 68%, 미국의 92%에 비해 매우 낮다. 심지어 자본주의가 약한 중국보다도 낮은 수치다. 즉, 사전적인 주식회사의 의미와 달리 한국에서는 기업이 벌어들인 돈이 주주에게 제대로 분배되지 않고 있다는 뜻이다.

물론 벌어들인 이익을 모두 주주에게 분배하는 것은 불가능할 뿐 아니라 바람직하지도 않다. 기존 사업을 유지하고 성장하기 위해 지속적인 투자가 필수적이기 때문이다. 문제는 한국에서는 이러한 기본적인 자금 활용이 제대로 이루어지지 않는다는 점이다. 분배되지 않은 이익이 기업 내부에 그대로 유보되거나, 비핵심 자산을 매입하는 데에 사용되기도 하고, 심지어 최대주주의 사익을 위한 수단으로 전용되기도 한다.

결과적으로 효율적으로 이익을 창출하지 못하는 자산의 규모만 커지고, $ROA^{\text{Return On Asset}}$, $ROE^{\text{Return On Equity}}$ 등 수익성 지표는 점점 악화된다. 수익성도 낮고 주주에게 환원도 하지 않는 기업의 투자 매력도는 당연히 떨어질 수밖에 없다.

PBR은 ROE와 PER의 곱으로 표현되는데(시가총액/자본 = 이익/자본 x 시가총액/이익), 선진국 평균과 한국의 PBR은 150%, PER은 39%의 차이가 난다. 이는 그만큼 한국 기업들의 ROE가 낮다는 점을 시사한다. 2024년 글로벌 시가총액 1위 기업 애플의 ROE는 150% 이상인 데에 비해, 한국 시가총액 1위 기업 삼성전자의 ROE는 10~20%에 불과하다.

기업의 가치평가에는 많은 방법이 있는데, 가장 유명하고 기업 재무의 기반이 되는 모델은 DCF다. DCF$^{\text{Discounted Cash Flow}}$는 현금흐름할인법으로, 기업의 미래현금흐름을 현재가치로 할인한 값이 기업가치라는 가치평가방법이다. 즉, DCF는 기업이 발생시키는 미래현금흐름이 궁극적으로 투자자의 이익으로 돌아온다는 믿음에 기반한다.

그런데, 이 믿음이 약하다면 어떻게 될까? 당연히 정상적인 시장의 기준에 따라 산출한 이론적 가치보다 주식은 할인된 가격에 거래된다. 한국 주식시장이 바로 그런 사례다. 어쩌면 한국 주식시장은 비효율적인 시장이 아니라, 기업의 이익 중 주주에게 실질적으로 돌아오는 이익을 반영한 매우 효율적인 시장일 수 있다.

그렇다면 유독 한국에서 기업의 이익이 주주에게 돌아가지 않는 이유는 무엇일까? 원인으로는 ESG의 'Governance', 즉 지배구조 문제로 인한 주주보호 미흡이 주로 지적된다. 이상적인 기업 지배구조는 경영진, 이사회, 주주가 서로를 견제하고 감시하며 기업의 장기적인 성장과 주주 가치를 극대화하는 형태인데, 현재 한국 기업의 지배구조는 최대주주와 소액주주의 이해관계가 불일치하도록 하고, 최대주주가 소액주주의 이익을 고려하지 않아도 제재 받지 않는 환경을 조성하고 있다는 것이다.

이러한 문제에 대한 해결책으로는 이사회 독립성 강화, 이사의 신의성실의무 강화, 기형적인 상속·증여세 구조 개선 등이 제시된다. 필자 역시 이사에 대한 법과 제도, 세제 개편이 필요하다는 점에 적극 공감한다. 하지만, 코리아 디스카운트의 근본적인 원인, 현상의 근간에는 문화와 인식이 있다고 생각한다.

한국은 제2차 세계대전과 6.25 전쟁 이후 매우 빠른 경제성장을 일궈낸 국가다. 국민으로서 하는 말이 아니라, 객관적으로 대단하다는 생각이 든다. 그리고 이러한 경제성장의 기반에는 이병철 회장, 정주영 회장 같은 강력한 리더와 풍부한 노동력, 사회적 분위기가 있었다. 재벌 집단이 커야 국가가 발전하고, 국민이 잘 살 수 있다는 구조였다 보니 자연스럽게 모두가 재벌 집단을 지지하는 환경이 만들어졌다. 재벌에 대한 공격은 국가 성장을 저해하는 행동이라는 사회적 합의가 이루어졌던 것이다.

더군다나 한국은 왕조와 관료에 대한 인식이 강한 국가다. 국가의 주인은 당연히 국민임에도 불구하고, 대통령이 왕의 역할을 하며 국가의 주인이라는 인식이 강하다. 이러한 문화와 인식은 기업에도 영향을 미쳐, 모든 주주보다는 회장이나 대표가 기업의 주인이라는 인식이 형성되었다. 그들이 자신의 이해관계에 따라 기업의 의사결정을 내리더라도, 대부분의 사람들이 문제를 제기하지 않았다. 삼성물산과 삼성생명보험을 통해 가진 지분을 합쳐도 이재용 회장의 삼성전자 지분은 채 4%도 되지 않음에도 불구하고 그가 실질적인 지배자로 여겨지는 상황처럼 말이다. 참고로 이재용 회장은 삼성전자의 등기 이사에도 올라있지 않다

하지만 이제는 상황이 다르다. 코로나 시기 개인투자자가 2배 이상 급증한 뒤 주주 자본주의에 대한 인식이 빠르게 퍼지며, 주주 보호 미흡에 대한 문제의식을 가진 국민이 대폭 늘어났다. 투자자들이 해외 사례를 통해 왜 한국 주식이 오르지 않는지에 대해 탐구

하게 되었고, 이 근간에 법과 제도, 문화와 인식이 있음을 알게 된 것이다.

이 같은 인식 변화는 정치권의 정책 변화로 이어졌다. 윤석열 정부는 2024년초 밸류업 지원방안을 발표해 기업가치 제고 계획 공시와 우수기업에 대한 세제 인센티브 등을 추진했고, 이후 정권을 잡은 이재명 대통령 역시 같은 기조를 이어가며 여당이 2025년 6월 상법 개정안을 통과시켰다.

특히 상법 개정안은 기업 지배구조의 근본적 변화를 가져올 것으로 예상되는데, 내용은 다음과 같다.

- 이사의 충실의무 확대: 회사에서 주주로 대상 확대
- 상장회사의 사외이사를 독립이사로 명칭 변경 및 비율 확대: 이사회 내 의무선임 비율 1/4에서 1/3로 확대
- 상장회사 감사위원 선임·해임 시 3%룰 확대적용: 사외이사 여부와 관계없이 감사위원 선임·해임 시 대주주는 특수관계인 등이 소유한 주식과 합산하여 최대 3%까지만 의결권 행사 가능
- 대규모 상장회사의 전자주주총회 병행 개최 의무화

이는 모두 소액주주를 보호하는 법안으로, 전문가들이 하나 같이 입을 모아 이야기하던 코리아 디스카운트의 해결책이다. 단순한 입법이 아니라 한국 주식시장, 자본주의의 변곡점이라 할 수 있다. 결국 시장의 방향은 이미 정해졌고, 남은 것은 시간 뿐이다.

이처럼 한국에서 주주이익 보호가 사회적 화두로 떠오른 지금,

주주 자본주의의 최전선에 서있는 미국의 사례를 공부해볼 필요가 있다. 미국은 어떤 길을 걸어왔는지 1900년부터의 변화를 간략히 정리하고, PE가 어떤 역할을 했는지 탐구해보았다.

미국의 주주 자본주의

미국은 전세계에서 가장 주주 친화적인 국가다. 자본(주식)을 소유한 주주가 왕이고 지배기구가 주주 이익에 반하는 행위를 하면 즉시 해임되거나 소송에 휘말린다. 애플을 창업하고 세상에 지대한 영향을 끼친 스티브잡스조차 해임되는 국가다. 하지만 미국조차 처음부터 주주 자본주의를 최우선 가치로 여기지는 않았다. 자본주의가 발전하는 과정에서 주주에 방점을 두기로 사회적 합의가 이루어진 것이다.

❶ 창업자 자본주의: 1900~1930

1900년 전후 미국에서는 거대 산업재벌들이 기업 지배구조를 주도했다. 철도, 철강, 석유화학 등의 분야에서 JP 모건, 록펠러, 카네기와 같은 소수 자본가들이 막대한 지분을 쥐고 기업을 직접 경영하는 형태가 일반적이었다. 그러던 중 기업들이 자금조달을 위해 주식을 발행하며 점차 지분이 대중에게 분산되기 시작했다. 1920년대에는 라디오, 자동차 등 신기술의 보급과 함께 주식시장이 호황을 누리면서 중산층까지 주식투자에 뛰어들었고, 그 결과 소유구조가 창업자 일가에서 대중으로 다변화되는 추세가 나타났다.

소유가 분산되자 미국에서도 자연스럽게 기업 지배구조에 대한 논의가 태동했다. 특히 1919년 미시간주 대법원이 내린 포드자동차에게 내린 판결은 주주 자본주의의 포석이 되었다. 포드자동차가 배당금 지급을 중지하고 사회에 이익을 환원하고자 한 결정에 대해 닷지 형제가 주주 이익 침해라며 소송을 제기했는데, 대법원이 영리회사는 원칙적으로 주주들의 투자수익을 위해 조직되고 운영되어야 한다며 닷지 형제의 손을 들어준 것이다.

그후 1929년 대공황은 기업 지배구조의 전환점이 되었다. 1920년대 후반 과열된 주가 버블이 붕괴하면서 수많은 투자자들이 파산하고 은행들이 연쇄 도산하자, 대중이 기업과 금융시장에 대해 극도의 불신을 갖게 된 것이다. 이에 따라 대중은 자유방임 자본주의와 독점현상에 대한 문제의식을 가지기 시작했다.

❷ 경영자 자본주의: 1930~1980

대공황 이후에는 상기 사회적 요구와 함께 주식시장과 기업 경영을 감독하는 강력한 법적, 제도적 장치가 도입되었다. 1933년에는 기업공시 의무화, 사기적 거래 금지 등 투자자 보호장치가 마련되었고, 1934년에는 SEC[Securities and Exchange Commission, 증권거래위원회]가 설립되어 기업의 외부 규율자로서 핵심적인 위치를 차지하게 되었다. 또, 대기업의 지주회사 구조를 규제하는 법률이 개정되고 금융자본의 기업지배를 제한하는 금산분리가 도입되는 등 지속해서 기업 지배구조에 대한 법과 제도 측면에서의 변화가 일어났다.

1920년대부터의 소유 다변화, 대공황 이후 법과 제도의 변화는 소유와 경영의 분리를 이끌었다. 1932년 출간된 버를&민즈의

《The modern corporation and private property]는 이미 미국 대기업 상당수가 소유와 경영이 분리되어 전문경영인이 실질적 통제권을 행사하고 있음을 밝혔다. 그러면서 경영자 자본주의라는 개념과 함께 주주와 경영진 간 이해관계 불일치, 주인-대리인 문제가 새로운 기업 지배구조의 핵심 문제로 부상했음을 밝혔다.

물론 초기 주주총회에서 이사회를 구성하고 경영진을 선임하는 방식은 유지되었으나, 시간이 지남에 따라 주주의 영향력은 약화되었고, 경영진이 이사회를 구성하고 이사회가 다시 경영진을 선임하는 구조 하에서 주주의 경영진에 대한 견제가 점차 약화되었다. 사실상 이사회는 경영진의 거수기 역할만 행하게 된 것이다.

약화된 견제 아래 당시 경영진들은 주주의 이익 뿐 아니라, 직원·고객·지역사회 등을 포함한 모든 이해관계자의 이익을 균형 있게 고려하는 경향이 있었다. 또한, 회계 부정이나 횡령 등 비리를 저지르는 경영자도 늘어나고 있었다. 그럼에도 불구하고 1973년 오일쇼크 전까지 경영자 자본주의 체제에 대해 문제의식을 가진 이들이 많지 않았던 것은, 기업의 자금이 일정부분 빠져나가도 주주에게 분배할 자금이 남을 만큼 성장이 강력했기 때문이다. 다우존스 지수는 대공황 이후 저점에서 20배 이상 상승했다.

❸ 주주 자본주의: 1980~

다음으로 미국 경제가 흔들린 때는 1973년, 오일쇼크(중동 국가들이 감산과 함께 가격 인상을 결정하면서 국제 유가가 3배 이상 급등한 사건)였다. 글로벌 경기가 침체하며 미국 경제가 스태그플레이션까지 겪었고, 성장기에는 보이지 않던 미국 기업들의 경쟁력 약화가 드러났다. 유럽과 일본 기업들의 성장으로 국제 경쟁이 격화되며 미국 기업들이 이전만큼의 독점적 위치를 유지하기 힘들어졌고, 다우존스 지수는 다시 하락해 이후 10년 이상 정체되기까지 했다.

이렇게 상황이 어려워지자 경영자 자본주의의 문제점이 사회적 화두가 되며 시험대에 올랐다. 경영자들의 도덕적 해이, 대리인 문제가 촉발한 주주이익 희생과 무분별한 사업 확장, 방만 경영 등에 대한 문제의식이 퍼진 것이다. 오일쇼크 3년 전인 1970년에는 시카고 학파 경제학자 프리드먼이 '기업의 사회적 책임은 이윤을 증대하는 것뿐'이라고 선언해 주주 이익 극대화 원칙을 역설했는데, 해당 주장이 많은 공감을 얻으며 주주자본주의의 이론적 근간을 마련했다.

동시에 오일쇼크 이후 1974년 ERISA라는 종업원퇴직소득보장법이 제정되면서 연기금의 규모가 커졌고, 비교적 위험자산에도 투자할 수 있게 운용 규제가 완화되며 이들이 주식시장에도 본격적으로 투자하기 시작했다. 이는 기관투자자의 영향력 강화로 이어져, 미국 주식의 상당 부분을 연기금, 뮤추얼펀드 등이 보유하게 되었다.

또한, 미국의 제40대 대통령으로 레이건이 1981부터 1989년까지 집권하며 레이건노믹스라 불리는 친시장·감세·규제완화 정책을 펼쳤는데, 이로 인해 시장의 자유가 확대되고 기업과 투자자에게 매우 우호적인 환경이 만들어졌다.

이러한 환경은 PE가 활동을 늘리는 계기가 되어, M&A를 위한 가치평가방법이나 구조조정, LBO와 같은 다양한 자금조달 및 수익회수 방안이 개발되었고, 정크본드$^{Junk\ bond}$ 시장의 활황과 함께 LBO의 전성기가 열렸다. 1조달러 이상의 자산을 운용하며 전세계 1위에 올라있는 블랙스톤도 1985년에 설립되었다.

  고든게코, 칼아이칸 같은 기업사냥꾼, 행동주의 투자자가 활발하게 활동한 것도 이 시기다. 이전에는 드물었던 적대적 M&A도 활발히 이루어졌고, 행동주의로 기관투자자들이 기업 지배구조에 적극 개입하기 시작했다. 1988년에는 적대적 M&A 횟수가 역대 최고치를 달성했다.

  적대적 M&A와 행동주의 투자가 늘어났다는 말은, 기관투자자의 상장 시장에서의 움직임이 늘어났음을 뜻한다. 지배구조가 문제가 되는 기업은 주로 상장사이기 때문이다. 그리고 상장 시장에서 움직임이 늘어났다는 말은, 그만큼 주가가 저평가되어 있었다는 점을 시사한다. 상장기업들이 워낙 싸게 거래되었기 때문에, 경영권 프리미엄을 고려하더라도 비상장기업에 비해 상대적으로 적은 비용으로 기업을 인수한 후 높은 수익을 얻을 기회가 많았던 것이다.

  1987년 블랙먼데이 이후 LBO를 도왔던 정크본드 시장이 위축되며 대형 LBO가 한풀 꺾이고 적대적 M&A와 행동주의 투자가 감소하긴 했지만, 이미 기업 지배구조의 패러다임은 변화해 있었다. 1980년대를 거치며 미국의 경영진들은 주가가 낮으면 회사가 남의 손에 넘어갈 수 있다는 공포를 체감했고, 이를 피하려면 주주환원과 주가 부양에 최우선 순위를 두는 경영을 할 수밖에 없었다. 실제로 1980년대 중반 이후 많은 기업들이 과거의 경영 방식을 버리고 과감한 구조조정을 단행하며 주주가치 제고를 위해 노력했다.

즉, 주주 자본주의에 대한 사회적 공감과 기관투자자의 주식투자 확대가 1980년대 주주 자본주의의 급격한 부상으로 이어진 것이다. Shareholder Value, 주주가치라는 단어가 미국 기업 사업보고서에 처음 등장하기도 했고, S&P500의 PER도 1980년대를 기점으로 고공행진했다.

지금까지 미국의 자본주의 변화 양상을 알아봤으니, 현재까지도 역사적인 딜로 회자되는, 당시 전형적인 PE의 상장 시장 참여 딜인 KKR의 Safeway 딜을 알아보자.

사례 분석 ①: 적대적 M&A의 백기사

Safeway는 세계 최대 슈퍼마켓 체인으로, 북미 외에도 세계 곳곳에서 매장을 운영 중이던 총 매장수 2,284개, 직원수 17만명의 대기업이었다. 1979년에는 새로운 CEO 피터 마고완이 취임했는데, 그는 글로벌 투자은행 메릴린치의 공동 창립자이자 Safeway 설립에도 중요한 역할을 한 찰스 메릴의 손자였으며 Safeway의 전 CEO였던 로버트 마고완의 아들이었다. 한국에서 전형적으로 보이는 오너 경영에 가까운 형태였다.

CEO 자리에 오른 피터 마고완은 주주이익보다는 자신과 가문의 이익만을 중시하며 Safeway를 방만하게 경영했다. 비핵심 자산과 수익성이 낮은 매장을 방치해둔 채 수익성 개선을 위한 노력을 행하지 않았으며, 주주환원에도 적극적이지 않았다. 부채에서 가장 많은 비중을 차지하는 계정이 매입채무일 정도로 밸류체인 내에서도 강력한 위치에 있었고, 경제성장과 함께 이익과 현금흐름이 매년 안정적으로 성장했지만, 주가는 인정받지 못하고 있었다.

Safeway 요약손익 (인수 전)					
	1981A	1982A	1983A	1984A	1985A
매출액	16,580.3	17,632.8	18,585.2	19,642.2	19,650.5
% yoy		6.3%	5.4%	5.7%	0.0%
영업이익	270.9	351.2	414.6	423.2	427.7
% opm	1.6%	2.0%	2.2%	2.2%	2.2%
당기순이익	108.3	159.7	183.3	185.0	231.3
% npm	0.7%	0.9%	1.0%	0.9%	1.2%
EBITDA	496.9	593.6	679.2	718.5	761.1
% margin	3.0%	3.4%	3.7%	3.7%	3.9%

단위: 백만달러, 출처: Internet Acrchive

당시 자본주의의 변화와 함께 일었던 적대적 M&A 붐에서 Safeway 또한 피해가지 못했다. Safeway에는 다트그룹이 관심을 가졌다. 다트그룹은 하프트가문이 소유한 기업으로, 1980년대 미국에서 활동한 대표적인 행동주의 투자자였다. 다트그룹은 1986년 6월 Safeway 지분 6%를 확보하였고 기업 인수를 고려 중이라고 공시했다. 바로 다음달에는 주당 58달러에 공개매수를 발표하며 적대적 M&A를 시도했다.

그러자 Safeway의 경영진은 경영권 방어를 위해 KKR을 백기사로 끌어들였다. 처음에는 KKR과 다트그룹이 공개매수가를 올리는 방식으로 경쟁했으나, KKR은 이 같은 방식은 양측 모두 패자가 될 뿐이라고 생각했고, 논의를 통해 경영진에게는 하프트가문에게 Safeway 신주인수권을 제공하는 조건으로 합의를 도출했다. 최종적으로 KKR이 Safeway의 경영권을 확보하게 되었으며, 주당 67달러에 모든 주식을 매입한 후 상장폐지를 단행했다.

다트그룹과 KKR이 과감하게 Safeway 인수전에 뛰어들 수 있었던 이유는 간단하다. 슈퍼마켓 산업은 기본적으로 규모의 경제가 중요한 산업이고, 기존의 강자를 이기기 힘든 시장이다. Safeway는 1위에 자리하고 있었고, EBITDA는 매년 10% 이상의 성장률을 보이며 안정적으로 증가했다. 반면 주가는 이런 상황을 반영하지 않고 매우 저평가되어 있었는데, 인수 전 EV/ETBITDA가 4.6배에 불과했다. 안정적인 펀더멘탈과 저평가된 주가, 언제든 가져오고 싶은 매물이다.

상장기업을 인수할 때 고려해야 할 점은 프리미엄이다. 대규모 지분을 인수해야 하기에 일반적으로 공개매수를 활용하게 되는데, 이때 낮게는 20%에서 높게는 100%까지 프리미엄이 부과되기 때문이다. 67달러라는 인수가는 50%의 프리미엄이 부과된 가격이었다. 하지만 여전히 인수 매력도는 높았다. 주당 67달러라는 인수가는 42억달러의 지분가치로, PER은 18.1배, EV/ETBIDA는 6.4배 수준인데, Safeway의 실적의 안정성과 밸류체인 내 위치, 경영진의 방만한 경영으로 인한 비효율성을 개선할 여지를 고려하면 비싸다고 보기 힘들었기 때문이다.

KKR은 LBO의 황제답게 대부분의 대금을 부채를 통해 조달했으며, KKR이 투입한 자본은 1억3천만달러로 전체의 3% 수준이었다. 이에 인수 후 Safeway는 자본잠식에 빠지게 되었다. KKR은 이자비용을 충당하기 위해 즉시 비핵심 자산과 수익성이 낮은 매장 정리에 돌입했고, 그 결과 인수 당시 2,284개였던 매장 수는 2년 만에 절반 수준으로 감소했다.

KKR은 강력한 구조조정 이외에도 여러 기업가치 제고 전략을 펼쳤다 특히 앞선 다트그룹과의 협상 과정에서 Safeway 경영진에게 인수 주체인 SPC의 신주인수권을 부여하여, 경영진과의 이해관계를 일치시켰다. 또한, 이미 포트폴리오로 보유 중이던 슈퍼마켓 체인 프레드메이어와 Safeway의 볼트온 전략을 통해 두 기업 간 유통 채널을 통합하고 시너지를 창출하기도 했다.

KKR의 전략은 효과적이었는데, 인수 직후 매출은 25% 이상 감소했지만, EBITDA는 오히려 증가했다. 이후 KKR은 1990년 Safeway를 다시 상장했고, 안정적인 현금흐름으로 부채를 꾸준히 상환했다. 인수 직후 자본잠식 상태였던 Safeway는 엑싯 직전 해인 1998년, 인수 이전 수준의 재무상태를 완전히 회복했다. 또한 구조조정을 마친 뒤에는 수익성이 높은 매장을 중심으로 점포를 확장하면서 매출이 다시 증가했고, EBITDA 마진 역시 3~4% 수준에서 8% 이상으로 크게 향상되었다.

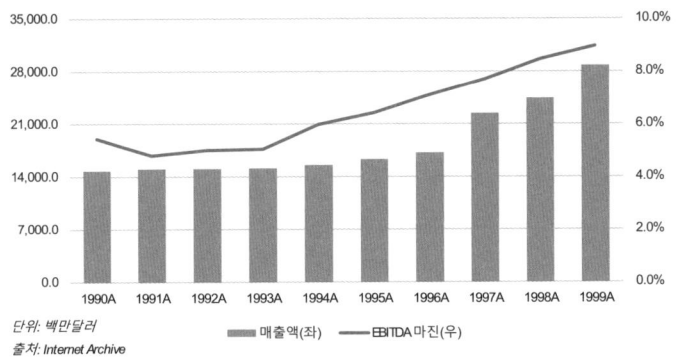

상장 이후 건전해진 지배구조, 실적 개선과 함께 Safeway의 주가는 20배 이상 상승했다. 최종적으로 KKR은 1999년 13년 만에 마지막 지분을 매각하고 총 72억달러의 수익을 거두었다. MOIC는 55.4배에 달하고, IRR은 최소 40% 이상일 것으로 추정된다. 가히 엄청난 수치라 할 수 있다.

PE의 역할

한국을 미국 자본주의의 변화 과정에 빗대어 본다면 어디 즈음이라고 할 수 있을까? 재벌 중심, 기존 지배구조의 문제점에 대해 많은 이들이 공감하고, 법과 제도의 변화가 이루어지고 있다는 측면에서 2025년의 한국은 주주 자본주의 시대가 본격적으로 열린 1970~1980년의 미국이라고 보는 것이 맞지 않을까? 고성장이란 장막 뒤에 가려져 있던 기존 대주주들의 과오가 이제는 적나라하게 드러나는 시점이다.

한중일에 모두 활발히 투자하는 MBK파트너스는 2023년 연례 서한에서 다음과 같이 말했다. '한국은 항상 저평가되어 있다. 역사적으로 한국 기업들은 대체로 지배적인 재벌의 미흡한 기업 지배구조로 인해 이른바 '코리아 디스카운트' 상태로 거래되어 왔다. 코리아 디스카운트는 비상장 시장에도 적용된다. 우리 투자들은 이 시장에서 글로벌 유사 기업 대비 평균 25% 저렴한 가격에 이뤄졌다. 한국은 아시아의 가치주 시장이다.'

상장 시장 뿐 아니라 비상장 시장에도 코리아 디스카운트가 존재하기 때문에 한국에서 이루어지는 딜의 멀티플이 전반적으로 낮다는 뜻이다. 사실 DCF 이론에 따르면, 기업의 현금흐름을 통제할 수 있는 PE의 바이아웃 딜의 경우 한국 기업이 글로벌 기업보다 저렴할 이유가 없다.

그럼에도 비상장 시장까지 코리아 디스카운트가 적용되는 이유는, 거래가격 산정 시 DCF 같은 절대가치평가법과 PER, EV/EBITDA 등 상대가치평가법이 함께 활용되기 때문으로 보인다. 즉, 상장 시장의 낮은 밸류에이션이 비상장 시장의 밸류에이션에도 영향을 미친다는 의미이며, 이는 한국 상장 시장의 밸류에이션이 그만큼 저평가되어 있음을 뜻한다.

다행히 코리아 디스카운트를 유발하던 요소의 상당수는 2025년 6월 개정된 상법으로 해결될 것이라 짐작한다. 물론 법이 이제야 개정된 만큼 판례가 쌓이는 데에 시간이 필요하겠지만 말이다.

사실 상법 개정안이 PE에게 우호적인 것만은 아니다. 바이아웃을 하는 PE는 결국 최대주주의 입장에 서게 되고, 과도한 배당이나 자신의 이익만을 관철하는 유상증자와 같은 행위는 실행하기 어려워질 것이기 때문이다. 그럼에도 상법 개정은 한국 사회가 주주 자본주의를 본격적으로 받아들이고 있음을 보여주는 강력한 신호다. '현 최대주주가 경영을 잘 못하니 우리가 인수해 기업가치를 올리겠다'는 주장이 이제 시장에서 충분히 설득력을 가질 수 있다는 점을 시사한다.

또한, 한국에는 오랜 기간 사업을 영위하며 지배구조에 빈틈이 생긴 기업이 많다. 최대주주의 지분율이 극단적으로는 10% 남짓인 경우까지 있다. 그리고 시간이 지나며 희석되는 지분을 고려하면 이 빈틈은 늘어날 수밖에 없는 구조다. 주주 자본주의로 향하는 변곡점, 빈틈이 많은 지배구조, PE의 역할은 명확하다.

미국의 사례처럼 기관투자자의 적극적인 상장 시장 참여는 저평가 해소의 강력한 촉매가 될 수 있다. 시간이 흐를수록 경영진이 위협을 느끼고, 주주가치를 높이기 위해 행동에 나설 것이기 때문이다. 투자 기회라는 측면에서도, 코리아 디스카운트 해소라는 공익적 측면에서도, PE가 맡을 역할은 더욱 분명해지고 있다. 그리고 이미 누군가는 그 기회를 포착해 다음 스텝을 준비하고 있다.

사례 분석 ②: 경영권 분쟁의 우군

고려아연은 아연, 금, 은, 동 등을 제련하여 판매하는 비철금속

제련회사이다. 제련업은 대부분의 제조업에 필수적인 제품을 생산하는 만큼 대표적인 국가 기간 산업으로 지정되어 있다. 또한, 고려아연의 생산능력은 세계 1~2위를 다투며, 제련 기술력은 세계 최고 수준으로 알려져 있다.

고려아연은 1949년 사돈 사이인 장병희, 최기호 창업자가 공동으로 창업한 영풍이 시초였다. 상사 사업을 하던 영풍은 약 20년 뒤 중공업의 부흥으로 금속 수요가 급증하는 것을 알아채고 1970년 첫 아연제련소를 준공하고, 1974년 고려아연을 설립했다. 이후 영풍의 경영은 장씨 일가가, 고려아연의 경영은 최씨 일가가 맡게 되어 양가는 분리경영을 하면서도 공동영업, 인사교류, 상호 지분 보유 등 우호적인 관계로 70년 이상을 지내왔다.

사회적인 비난, 반독점법 제정 등으로 와해된 것이긴 하지만 미국의 경우에도 대부분의 재벌 구조는 3대를 넘어가지 못했다. '부자는 3대를 못 간다.'라는 속담은 기업 지배구조에 있어서는 더욱 엄격하게 적용되는 듯하다. 세대가 이어지며 피의 농도가 점차 열어지고 이해관계에 차이가 생기기 때문이다. 심지어 장씨와 최씨 일가는 피 한 방울 섞이지 않았다. 시간이 지나며 양측의 입장 차이는 커질 수밖에 없고, 경영 방식에 의견차가 벌어질 수밖에 없는 상황이었다.

분쟁의 씨앗은 2017년 그룹 전체가 지배구조를 개편하며 뿌려졌다. 당시 영풍 그룹은 '고려아연 → 서린상사 → 영풍 → 고려아연'으로 이어지는 순환출자 형식의 지배구조를 가지고 있었는데,

정부의 순환출자 규제 강화로 지배구조 개편을 단행했다. 이 과정에서 장형진 고문이 서린상사가 보유한 영풍 지분 10%를 취득하며 순환출자 고리를 끊게 된다.

이로 인해 영풍은 장씨 일가가 지배하게 되었고, 영풍과 장씨 일가가 보유한 고려아연 지분이 30%를 훌쩍 넘어가게 되었다. 반면 최씨 일가가 가진 고려아연 지분은 20%에 못 미치는 수준이었다. 지분이 5대5 수준에서 균형을 이뤘던 과거에 비해 최씨 일가의 불안감은 높아졌다.

이에 대한 영향일까, 2022년 8월 갈등이 본격화되었다. 당시 기획재정부는 익금불산입률 상향 계획을 발표했다. 자회사 지분율이 30%를 넘어가면 배당수익에 대한 익금불산입률을 30%에서 80%로 올린다는 내용이었다. 익금불산입은 세법에서 사용되는 용어로, 회계적인 수익을 세법에서는 수익으로 보지 않는다는 의미다. 익금불산입률이 80%라는 말은 지분율이 30%를 넘어가는 자회사로부터 배당을 받으면 그 중 80%는 공제된다는 뜻이다.

당시 자사주를 제외하면 영풍의 지분율이 29.35%였으니, 영풍 입장에서는 지분을 조금만 늘리면 세금을 대폭 절감할 수 있었다. 그렇기에 영풍은 고려아연에 지분 확대 의사를 전달했다. 하지만 고려아연, 즉 최씨 일가는 이에 동의하지 않고, 오히려 2022년 8월 유상증자를 단행하며 자사주를 매각했다. 이에 따라 영풍의 지분은 26.11%로 희석되었고, 지분 확보를 위해 필요한 자금이 너무 커져버렸다.

유상증자의 대상은 한화로, 고려아연과 한화가 사업제휴를 맺어

지분을 서로 갖는 구조였다. 이어서 고려아연은 2023년까지 유상증자, 주식 교환 등을 통해 한화 뿐 아니라 현대차, LG화학과도 사업제휴를 맺으며 서로의 지분을 취득했고, 현대차는 5.05%, 한화는 7.75%, LG화학은 1.89%의 고려아연 지분을 가지게 되었다. 최씨 일가가 지분에서 밀리니 우호세력을 확보한 것이었다. 결과적으로, 해당 우호세력을 최씨 일가의 편이라고 분류하면 장씨 일가와 최씨 일가의 지분이 5%p 미만의 차이로 좁혀졌다.

고려아연은 사실상 영풍의 전부였다. 고려아연으로부터 나오는 지분법이익을 제외하면 적자를 기록 중이었고, 매출 수준도 고려아연이 영풍의 3배 수준이었기 때문이다. 이 상황에서 최씨 일가가 영풍의 지분을 희석시켜 영향력을 낮추는 행위를 한 것이다. 장씨 일가 입장에서는 이에 대응해야 했다.

2024년 3월 영풍은 고려아연이 정관을 위반하여 유상증자를 했다고 주장하며 신주 발행 무효 소송을 제기했다. 양측의 사이가 완전히 틀어졌음을 알리는 대목이었고, 바로 다음달 영풍과 고려아연은 공동사업 분야를 모두 정리하게 된다.

주식회사의 주인은 주주이고 경영권은 주식을 더 많이 보유해 이사회를 장악한 쪽에 귀속된다. 그렇기에 동업 관계가 종료되면 회사를 차지하기 위해 싸우게 되고, 지분 확대에 만전을 기한다. 양측은 계속해서 지분 공시를 내며 지분을 매입했다. 그러다가 2024년 9월 13일, MBK파트너스(이하 'MBK')가 고려아연 공개매수를 공시하며 참전을 알렸다. MBK는 장씨 측(이하 '영풍·MBK 연합')에 합류했다.

이때부터 분쟁이 격화되고 여론전이 이어졌다. 영풍·MBK 연합은 그동안 고려아연이 주주이익을 침해해왔다고 지적했고, 최씨 측은 MBK가 기업가치를 떨어뜨리는 기업사냥꾼이라고 주장했다. 이후 공개매수가 경쟁, 다수의 가처분 신청 소송, 글로벌 PE 베인캐피탈의 백기사 참여 등 이슈가 많으나, 주요 흐름만 알아보자.

MBK가 공개매수를 공시한 후, 최씨 측도 맞대응에 나섰다. 그런데, MBK에 대응한 공개매수의 주체가 고려아연이었다. 즉, 자사주 공개매수로 대응했다는 말이다. 지난 10년간 주가가 4~50만 원에서 횡보할 때는 관심이 없다가, 경영권을 잃을 상황이 오자 시가총액의 20%에 육박하는 회사돈으로 오직 자신의 경영권 방어만을 위한 자사주 매입을 결정한 것이다.

이후 9월 13일부터 10월 14일까지는 공개매수가 경쟁이 펼쳐졌다. 공개매수가는 MBK가 최초 공시한 주당 66만 원에서 기존 주가 대비 약 80%의 프리미엄이 붙은 주당 89만 원까지 치솟았다.

양측의 공개매수가 완료되자, 영풍·MBK 연합은 38.47%, 베인캐피탈을 백기사로 끌어들인 최씨 측은 17.05%의 지분을 확보했다. 최씨 측 지분은 2022~2023년에 확보한 한화·현대차·LG화학 등 우호세력의 지분을 더해야 35.23%가 되어 그나마 주주총회에서 표대결이 가능한 상황이었다. 즉, 사실상 영풍·MBK 연합의 승리로 결론이 난 듯했다.

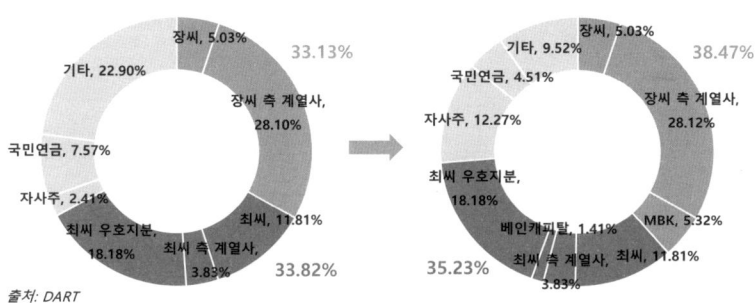

출처: DART

　벼랑 끝까지 내몰린 최씨 측은 무리수를 던졌다. 고려아연이 10월 30일 주당 67만 원에 2조5천억 원 규모의 유상증자를 발표한 것이다. 표면적으로는 자사주 공개매수를 하며 일으킨 2조 원 이상의 차입금에 대한 상환을 목적으로 내세웠고, 실제로는 우호세력으로의 신주 배정을 통해 지분을 확보하고자 했을 것이다. 결과적으로, 최씨 측은 경영권 방어를 위해 차입을 일으켜 주당 89만 원에 자사주를 매입하고, 해당 차입금을 상환하기 위해 주당 67만 원에 증자를 한 셈이 되었다.

　금융감독원이 이를 제지하며 유상증자를 철회하긴 했지만, 앞선 최씨 측의 결정에서 자신을 제외한 주주는 철저히 무시되었다. 한국 주식이 왜 오르지 않는지, 코리아 디스카운트가 왜 존재하는지 명확히 알 수 있는 대목이다.

　다음 분쟁은 2025년 1월 23일 열린 임시주주총회였다. 공개매수가 완료된 이후 양측은 장내매수를 통해 꾸준히 지분을 매입했고, 영풍·MBK 연합의 지분이 40.97%로 최씨 측에 큰 폭으로 앞섰기에 무난히 표대결에서 승리할 것으로 보였다. 하지만 이때 최씨 측이 또 한번 마지막 승부수를 던졌다.

고려아연에게는 SMH와 SMC라는 호주 자회사가 있었다. 그런데, 최씨 측이 SMC를 이용해 영풍 주식 10.33%만큼 사들이면서 '고려아연 -> SMH -> SMC -> 영풍 -> 고려아연'으로 이어지는 순환출자 고리를 만들었다.

상법 제369조 3항, 상호주 의결권 제한 조항은 회사(고려아연)가 다른 회사(영풍)의 주식을 10% 이상 보유한 경우, 다른 회사(영풍)가 보유한 해당 회사(고려아연)의 주식은 의결권이 없다고 규정하고 있다. 최씨 측이 해당 조항을 이용해 SMC가 영풍의 주식을 10% 넘게 취득하게 함으로써 영풍의 고려아연에 대한 의결권 행사를 차단한 것이다. 영풍·MBK 연합은 대부분의 지분을 영풍을 통해 보유 중이었기에 결국 표대결에서 패배하게 되었다.

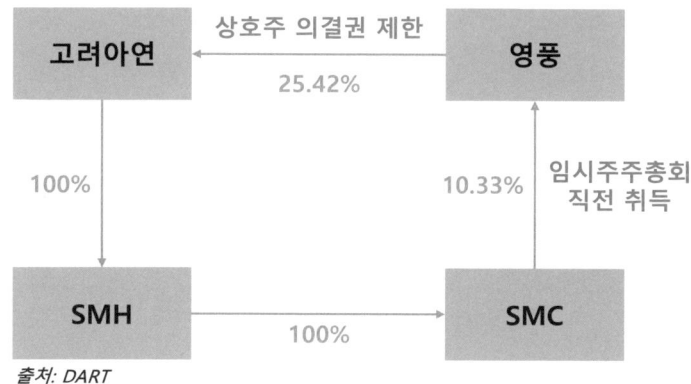
출처: DART

 일주일 뒤, 영풍·MBK 연합은 SMC가 유한회사이자 외국회사이기에 상호주 의결권 제한을 적용할 수 없다며 가처분을 신청했고, 법원은 이를 인용해 임시주주총회에서 의결된 대부분의 안건이 무효라고 판단했다.

 하지만 이후 3월 28일 정기주주총회 직전, 최씨 측이 SMC가 보유한 영풍 지분을 SMH에게 현물배당하는 방식으로 다시 한번 상호주 의결권 제한을 시도했고, 이번에는 법원이 SMH가 외국회사이긴 하나 주식회사의 형태에 해당하므로 상호주 의결권 제한 대상에 포함된다고 판결했다. 최종적으로, 영풍·MBK 연합은 총 19인의 이사 중 4인을 선임하는 데에서 정기주주총회를 마무리하게 되었다.

 잠시 경영권 분쟁에서 벗어나, MBK가 장씨 측의 우군으로 나선 이유는 무엇일까? 여기에는 크게 세가지 이유가 있다. 첫째는, KKR이 Safeway 딜에 참여한 이유와 같이 안정적인 펀더멘탈이다. 앞서 말했듯, 고려아연은 글로벌 탑티어 제련회사로서, 레퍼런스도 탄탄하고 기술력도 좋다. 비철금속은 산업 어디에나 쓰이는 필수품이기에 수요도 꾸준하다. 고려아연의 실적 역시 원자재 가격에 따라 마진이 약간의 등락을 보이긴 하지만, 안정적인 모습이다.

고려아연 요약손익					
	2020A	2021A	2022A	2023A	2024A
매출액	7,581.9	9,976.8	11,219.4	9,704.5	12,052.9
% yoy		31.6%	12.5%	-13.5%	24.2%
영업이익	897.4	1,096.1	919.2	659.9	723.5
% opm	11.8%	11.0%	8.2%	6.8%	6.0%
당기순이익	574.8	811.1	798.3	533.4	194.8
% npm	7.6%	8.1%	7.1%	5.5%	1.6%
EBITDA	1,173.0	1,382.4	1,222.9	975.7	1,056.7
% margin	15.5%	13.9%	10.9%	10.1%	8.8%

단위: 십억원, 출처: DART

둘째는 악화되고 있던 자본배치다. 고려아연의 주주환원율은 2022년 영풍이 배당 확대를 요구하기 전까지 40%를 넘어간 적이 없었다. 코로나 시기 진출한 신사업의 영향도 있겠지만, 수익성이 낮은 자산이 축적됨에 따라 고려아연의 ROA와 ROE는 2023년 3~5%, 2024년 2~3% 수준까지 하락한 상황이었다.

또한, 그간 최윤범 회장이 고려아연을 통해 친구의 PEF에 6천억 원을 출자한 사실이 밝혀지기도 했다. 회사의 자금을 유용한 것이지만, 이를 경영 판단이라고 주장할 경우 현행법상 최 회장이 처벌될 가능성은 낮다. MBK는 이러한 비효율성을 개선하고 수익성이 낮은 자산을 매각하는 등의 방법을 통해 기업가치를 제고하고자 했을 것이다.

셋째는 콜옵션이다. 정확한 조건이 밝혀지지는 않았지만, MBK는 고려아연 공개매수를 준비하는 과정에서 장씨 측과 콜옵션 계약을 맺었다. MBK가 확보한 지분과 장씨 측이 확보한 지분을 합쳐 이중 50%+1주를 MBK에 매각한다는 내용이다. 그런데, 콜옵션 행사가격이 고정된 형태가 아닌, 주당 평균 매수 단가를 고려해 조정되는 형태였다. 즉, 최종적으로는 MBK가 고려아연의 경영권을 가져가면서, 부담해야 하는 프리미엄과 손실은 제한적인 구조였다.

아직 경영권 분쟁은 끝나지 않았다. 이사회는 최씨 측이 장악했지만, 여전히 지분을 더 많이 보유한 쪽은 영풍·MBK 연합이기 때문이다. 다음 주주총회에서 또다시 분쟁이 격화될 확률이 높다. 그 사이 추가적인 자사주 매입이나 유상증자 등, 최씨 측이 지분 확보에 나설 가능성 또한 있다.

제3자 입장에서 경영권 분쟁이 홍미롭기도 하지만, 안타깝기도 하다. 최씨 측이 그간 고려아연의 주가 부양에 힘써왔다면 어땠을까? 또, 오로지 자신의 경영권 방어만을 목적으로 자신의 돈도 아닌 막대한 규모의 회사돈을 사용하고, 고의적인 순환출자 구조를 형성하는 행위가 정상적인가?

국민연금은 이번 사태를 계기로 적대적 M&A를 시도하는 PE에게는 자금을 출자하지 않겠다고 선언하기도 하였으나, 외부 투자자의 정상적인 지분 확보 시도는 차단하고, 기존 최대주주의 주주

이익 침해는 방치하는 것이 옳은 지 생각해봐야 한다. 물론 그 과정에서 외부 투자자의 미공개 정보 이용 등 불법적인 행위가 포착된다면 엄벌에 처해야 하겠지만 말이다.

자본시장의 메기

독자분들은 '메기 효과'를 아시는가? 메기 효과는 노르웨이의 어부가 정어리가 들어 있는 수조에 천적인 메기를 넣어 정어리들이 죽지 않게 운반했던 데서 유래한 개념으로, 강력한 경쟁자나 자극 요소를 도입하여 전체의 분위기를 활성화시키는 현상을 의미한다. 동물의 최고 속력을 측정하려면, 천적을 풀어놓으면 된다.

그간 한국 주식시장은 주주가치를 중시하지 않는 경영 구조와 함께 침체에 빠져 있었다. 최대주주가 주가를 올리려 하지 않거나, 심지어 주가 하락을 유도하는 경우도 있었다. 하지만 이제 한국에서도 주주가치 보호의 중요성이 강조되며, 이에 대한 사회적 합의가 이루어지고 있다. 이제 국내에서도, 과거 미국의 PE들이 주주자본주의가 부상한 시기에 활동을 늘린 것처럼, 게으른 정어리를 찾아 수조 안으로 들어갈 때다.

물론, 서로 매물을 인수하고 매각하며 긍정적인 영향을 미치는 산업계와 대결 구도가 형성될 수 있으며, 산업계와의 거래를 통해 수익을 창출하는 금융사들이 이러한 딜에 인수금융을 쉽게 제공하지 않을 수 있다는 장애물이 존재한다는 점 또한 사실이다. 하지만 이러한 우려는 그간 성장한 금융자본의 규모와 MBK의 고려아연 사례로 어느정도 해소된 듯하다.

MBK 이외에도 메기 역할로서 정어리를 먹으러 주식시장에 침투하는 이들은 늘어나고 있다. 이미 수차례 행동주의 투자를 통해 좋은 성과를 낸 헤지펀드 운용사 얼라인파트너스가 대표적이다. 한국에도 주주 자본주의가 올바른 방향으로 세워져 투자 수단으로서 부동산보다 주식이 더 선호되길 바라며, 그리고 많은 PE가 변곡점에서의 기회를 잡길 바라며, 2024년 10월 공개매수를 마친 MBK의 입장문을 남긴다.

[공개매수 완료에 대한 입장문]

안녕하세요. MBK 파트너스입니다.

금일부로 지난 달 13일부터 MBK 파트너스·영풍(000670) 고려아연 최대주주 연합이 진행한 공개매수는 완료됐습니다.

저희는 오늘이 한국 자본시장에서 의미 있는 이정표로 남게 될 것이라고 믿습니다.

자본시장의 지지 덕분에 기업지배구조 개선을 통한 기업가치 제고노력이 제대로 작동할 수 있게 된 실질적인 첫 번째 걸음을 내딛게 됐다고 생각합니다. 주주분들과 국내 자본시장 관계자 모든 분들께 깊이 감사드립니다.

MBK 파트너스·영풍은 고려아연의 최대주주로서 지난 한 달 간의 공개매수 과정을 통해 주주분들과 시장 관계자분들은 물론, 고려아연 및 영풍정밀의 임직원분들, 노동조합, 지역사회, 그리고 대한민국 모든 구성원분들께 "기업 거버넌스가 올바르게 확립돼야, 기업가치는 물론, 주주가치가 바로 세워질 수 있다"는 점을 말씀 드렸습니다.

고려아연과 영풍정밀의 주주분들을 포함해, 저희 MBK 파트너스·영풍이 드리는 말씀을 경청해주시고, 믿고 성원해주신 모든 분들께 이 자리를 빌어 진심으로 감사의 말씀을 올립니다.

MBK 파트너스·영풍은 이제 고려아연의 최대주주로서, 고려아연에 대한 경영지배를 공고히하고 투명한 기업 거버넌스 확립을 통해 고려아연의 지속 성장과 발전을 위해 최선의 노력을 다하고자 합니다.

이를 위해서 이미 여러 차례 말씀 드린 바와 같이, MBK 파트너스·영풍 최대주주 연합은 시장과 투자자 및 주주분들은 물론, 고려아연의 임직원 및 노동조합, 관계사 및 협력업체, 지역사회와도 진정성 있는 소통을 실행해나갈 것이고, 이번 공개매수 과정에서 드린 약속들을 책임있는 최대주주로서 이행해 나가도록 하겠습니다.

또한, 이러한 노력의 첫 걸음으로, MBK 파트너스·영풍은 우선 '고려아연 자기주식 공개매수'가 중단되도록 모든 역량을 집중하려고 합니다.

3조 원이 넘는 대규모 차입방식의 자기주식 공개매수는 고려아연에게 돌이킬 수 없는 손해를 발생시킬 것입니다. 회사 재무구조에 피해를 입히는 것 뿐만 아니라, 남은 주주분들께도 이러한 손해가 전이될 것입니다. 이를 방지하기 위해, 기존에 진행 중이던 소송절차를 통한 구제를 포함해 가능한 모든 방법을 강구하고자 합니다.

MBK 파트너스·영풍은 최대주주로서 기업지배구조를 올바로 세운 후 고려아연이 명실상부한 비철금속제련 부문 글로벌 리더로서, 대한민국 경제, 산업의 근간이자 미래 성장 동력을 이끄는 기업, 사회적 책임을 다하는 기업으로 성장할 수 있도록 필요한 모든 노력을 다하고자 합니다.

감사합니다.

제8장

다가올 미래에 대한 공부, 그리고 대비

일본 매크로 톺아보기(과거)

일본의 사업구조 재편과 구조조정

한국 매크로 톺아보기(현재)

한국의 사업구조 재편과 구조조정

사례 분석 ①: 대기업 리밸런싱에서의 기회

사례 분석 ②: 떨어진 칼날 싸게 사기

저출산과 고령화에서의 시사점

사례 분석 ③: 미리 대비하는 그들

08

다가올 미래에 대한 공부, 그리고 대비

들어가기에 앞서, 8장은 신한투자증권 박석중, 홍지연 애널리스트님의 『한국의 미래』 리포트에서 아이디어를 얻어 작성하였다. 매크로, 투자 전략에 대해 많은 도움을 받고 있어 이렇게라도 감사 인사를 전한다.

푸념으로 시작하고자 한다. 최근 들어 한국의 미래에 대해 걱정이 매우 크다. 국민으로서도 걱정하지만, 한국에서 살아갈 확률이 높은 한 구성원으로서 미래에 대한 생각이 깊어질 수밖에 없는 국면이라고 생각한다.

생산가능인구는 가파르게 감소하고 있고(노동), 해외 투자와 함께 기업들도 해외로 나가고 있다(자본). 2024년 미국 내 해외기업

일자리 창출 기여도에서 한국이 1위를 기록했다는 점은 가히 충격적이다. 고물가, 고금리, 고환율 시대는 불에 기름을 붓고 있으며 OECD, IMF, 한국은행 등 국내외 주요기관 모두 한국의 0~1%대, 심지어는 마이너스 성장을 외치고 있다. 이런 상황에서 나아갈 길을 찾으려면, 바로 옆나라 일본이 걸어온 길을 살펴봐야 한다.

본격적인 논의에 들어가기에 앞서, 매크로 예측을 하거나 경제정책에 관해 논하고자 하는 것은 아니다. 필자가 관련 분야에 대한 지식이 부족할 뿐더러, 필요한 범위 외에는 관심도 없다. 그저 궁금한 것은 한국의 정해진 미래로 일컬어지는 일본의 장기불황에서 일본 기업들이 어떤 선택을 했으며, 한국은 어떤 상황인지이다. 그리고, 최종적으로는 PE는 어디에 집중해야 하는가를 고민해보고자 한다.

일본 매크로 톺아보기(1980-2000)

일본은 한때 GDP 총액 기준으로도, 1인당 GDP 기준으로도 세계 2위까지 올랐던 국가다. 소니, 파나소닉, 도시바 등 많은 기업들이 기술경쟁력을 키웠고, 오일쇼크 이후 급등한 유가는 소비자들로 하여금 대형차 중심인 미국차보다는 소형차 중심인 일본차를 선택하게 했다.

압도적인 강대국이자 기축통화국이었던 미국의 달러 강세로 인한 엔저 현상은 일본 제품의 가격경쟁력까지 높였고, 해외 무대에서 'Made in Japan'은 선풍적인 인기를 끌었다. 이러한 배경 속에서 일본 경제는 연평균 10% 내외의 고성장을 기록하며 경제 대국으로 자리 잡았다.

그런데, 일본의 대미 수출 증가와 함께, 미국의 무역적자가 점차 심해지고 있었다. 1985년 기준 미국의 일본에 대한 무역적자가 497억달러를 기록해 전체의 37.2%를 차지할 정도였다. 무역적자의 해결을 위해 1985년 미국은 일본, 독일 등 주요 경제대국들과 플라자합의를 체결해, 달러의 인위적 평가절하를 추진하며 상대국들에게 자국 통화의 평가절상을 요구했다. 이후 엔/달러 환율은 1년 만에 240엔에서 150엔까지 급속히 하락했다.

그러나 엔고 현상도 미국의 무역적자를 해결하지는 못했다. 미국 소비자들은 이미 일본 제품에 익숙해 있었고, 상대적 가격 하락에도 자국 제품으로 돌아서지 않았기 때문이다. 즉, 일본의 수출 경쟁력을 약화시키는 방식에는 한계가 있었다.

이에 미국은 이번에는 방향을 바꿔 1987년 주요 경제대국들과 루브르합의를 체결해 상대국들의 내수 부양을 요구했다. 상대국들의 내수가 활성화되면 수입도 늘어나 미국의 수출이 증가할 것이라고 판단한 것이다. 일본 역시 엔고 현상의 장기화로 인한 수출경쟁력 약화를 우려해 이에 동의했고, 금리 인하를 단행하며 유동성을 확대했다.

수출은 이미 잘되는 상황에 내수 경기까지 부양하니, 일본 경제에는 최고의 시간이 찾아왔다. '투자 증가 → 고용 확대 및 임금 상승 → 소비 확대'의 선순환이 이어졌고 부족함 없는 나날들이 이어졌다. 이러한 상황은 전반적인 자산 가격의 상승을 불러왔고 부동산, 주식 할 것 없이 투기 열풍이 시작되었다.

'도쿄를 팔면 미국을 살 수 있다'라는 말이 나올 정도로 땅값은 치솟았고, 기업과 개인 모두 부동산에 뛰어들었다. 부동산에 투자하면 더 큰 수익을 올릴 수 있으니 부동산과 상관없는 기업들까지 부동산 투자를 집행했다. 주가 지수 또한 연일 최고가를 달렸고, 시가총액 기준으로 뉴욕증권거래소까지 뛰어넘어 압도적인 세계 1위 규모를 달성했다.

출처: Investing.com

하지만 세상에는 끝없는 상승도, 끝없는 하락도 없다. 1989년 일본 중앙은행은 과열을 억제하기 위해 금리 인상과 대출 규제를 단행했고, 자산 가격은 빠르게 하락했다. 그런데 시기가 잘못됐던 것일까? 자산 가격의 하락이 담보 가치의 하락으로 이어져 부실채권 비율이 급증했다. 버블은 항상 대출에서 문제가 생기기 마련인데, 1980년대 후반의 부동산 투기 열풍은 부동산 담보 대출의 과잉으로 이어졌고, 대출 과잉과 급격한 유동성 축소는 장기불황의 시발점이 되었다.

그후 1997년 동아시아 금융위기와 함께 일본은 본격적인 장기불황에 들어섰고, 금리 인하에도 수요가 회복되지 않는 유동성 함정에 빠지기까지 했다. 1998년에는 한 해에만 10만건이 넘는 개인파산이 이루어졌고, 2000년대에 들어서서는 GDP 성장률이 20년간 0% 내외에서 벗어나지 못하는 모습을 보였다.

기업 측면에서 바라보면 어떨까? 장기불황을 겪기 전 1980년대의 일본은 제조업 패권을 쥐고 있었다. 전자 분야에는 소니, 파나소닉, 도시바 등 글로벌 강자가 포진해 있었고, 자동차 분야에서는 도요타, 닛산, 혼다 등이 GM이나 포드와 같은 정통 강자들과 경쟁에서 전혀 밀리지 않았다. 한국과 중국의 제조업이 성장하기 전이었기에 철강, 조선 등 중화학공업에서도 마찬가지였다. 한마디로, 일본 기업이 대부분의 산업에서 1~3위 중 한자리는 차지하고 있을 만큼 강력했다.

NIKKEI 그래프를 보면 알 수 있듯이 이들의 주가 또한 천정부지로 올랐는데, 1989년에는 세계 시가총액 상위 20개 기업 중 14개를 일본 기업이 차지할 정도였다. 통신사인 NTT가 세계 시가총액 1위를 차지하고 일본의 4대 메가뱅크가 2~5위를 차지하는 등, 금융시장에서 일본 기업의 영향력 또한 어마어마했다.

1990년 이후에는 앞서 설명한 사건을 겪고 많은 기업들이 선두

자리에서 내려온 뒤 힘든 시간을 보냈다. 그런데 아무리 매크로에 충격이 가해졌다고 하더라도, 기업의 근본적인 해자와 경쟁력이 아직 남아 있다면, 매크로가 우호적으로 변한 뒤 다시 살아났을 것이다. 일본 기업 대다수는 과거의 자리에 복귀하지 못했는데, 이는 산업구조에 근본적인 변화가 있었음을 시사한다.

일본의 사업구조 재편과 구조조정

일반적으로 제조업 패권은 20년을 넘기기 힘들다. 국가가 성장하며 동시에 여러 생산비용도 상승하고 저임금 노동자들의 임금 또한 상승하게 되는데, 지속적인 설비투자와 대규모 인력이 필요한 제조업에게 비용의 상승은 치명적으로 다가오기 때문이다. 1950~1970년에는 미국과 영국이, 1970~1990년에는 독일과 일본이 같은 길을 걸어왔다.

하지만 위기에서 위기임을 깨닫는 사람은 그리 많지 않다. 일본 또한 그러했다. 1990년대 초반 일본의 기업들은 불황은 일시적이며 금융시장의 문제이기에 자신들이 영위하는 사업에는 문제가 없다고 생각했다.

이에 근본적인 구조조정을 하기보다는 비용만 줄이며 잠깐의 불황에서만 생존하려는 모습을 보였다. 결국 1997년 동아시아 금융위기가 발생하고 많은 기업들이 도산하는 등 골든타임이 지나고 나서야 위기임을 깨닫게 되었다. 제조업의 종업원 수가 감소하고 산업 전체의 가동률이 줄어드는 등 여러 지표가 이미 신호를 보내고 있었지만 말이다.

1997년에는 일본의 4대 증권사 중 하나였던 야마이치증권이 폐업하고, 1998년에는 홋카이도 타쿠쇼크은행이 파산하는 등 금융권에서 먼저 위기가 드러났다. 이로 인해 당시 20개 이상이던 시중은행 체제는 대형 3사 중심으로 재편되었다. 금융권에서 시작된 구조조정은 곧 다른 산업 전반으로 확산되었고, 일본 기업들은 근본적인 문제를 인식하며 사업구조 개편에 착수했다. 이른바 '선택과 집중'의 시기였다.

우선 경쟁력이 떨어지는 기업에 대한 인수합병이 활발히 이뤄졌다. 정유산업은 주요 14개사 체제에서 2000년대 들어 5개사로, 2016년에는 현재의 3사 체제로 재편되었다. 철강산업도 마찬가지로 5개사 체제에서 3개사로 축소되었으며, 이 과정에서 2·3위였던 NKK와 가와사키제철이 합병해 JFE홀딩스를 출범시켰다. 자동차산업에서는 닛산이 경영난에 빠지자 1999년 르노가 지분을 인수하며 얼라이언스를 맺었다.

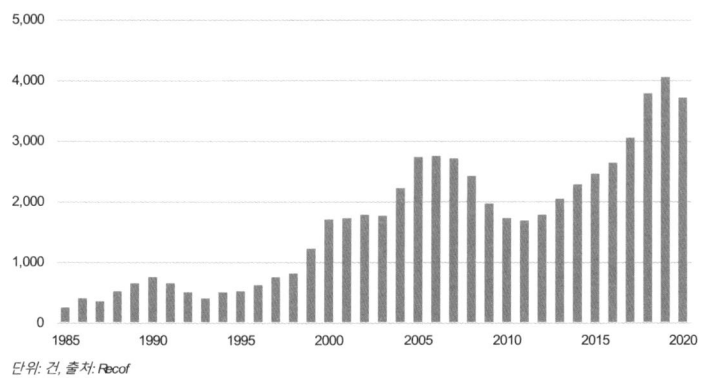

일본 인수합병건수 (1985~2020)

단위: 건, 출처: Recof

　기업 내부적으로도 채산성이 낮은 사업 부문이 과감히 정리되었다. 닛산은 르노와의 제휴 이후 대규모 구조조정을 단행해 저수익 차종과 해외 공장을 철수했고, 고부가가치 모델로 브랜드 이미지를 강화하는 전략을 택했다. 전자산업에서도 도시바는 사업부를 매각하며 원자력과 반도체 중심으로 사업구조를 재편했고(당시 매각한 메모리 사업부는 현재 키옥시아가 됨), 히타치는 가전·전자기기 부문을 매각하고 전력·인프라·IT 등 첨단산업으로 집중했다.

　NKK와 가와사키 제철이 합병한 JFE 홀딩스도 부가가치가 낮은 철강 제품은 대폭 축소하고 특수강과 같은 고부가가치 제품에 집중하였다. 위와 같은 사례를 나열하면 끝도 없을 만큼 대다수의 산업에서 선택과 집중이 이루어졌다. 수익성이 낮아진 부문은 매각하고, 첨단소재나 IT와 같이 차세대 성장동력으로 여긴 사업에 집중한 것이다.

이처럼 대부분의 산업에서 수익성이 낮은 부문은 과감히 매각하거나 철수하고, 첨단소재나 IT 등 차세대 성장동력으로 여겨지는 분야에 집중하는 흐름이 공통적으로 나타났다. 특히 과거에는 저렴한 비용을 무기로 삼던 분야들이 도태되고, 신성장동력을 찾아 나서는 모습이 두드러졌다. 단순히 노동력을 앞세우는 방식으로는 신흥국과의 경쟁에서 승산이 없으며, 기술력만이 생존의 길이라는 판단이 작용한 결과였다.

실제 화학산업만 보더라도, 1990년에는 저부가가치 제품인 범용화학이 전체의 절반 가까이를 차지했으나, 현재는 고부가가치 제품인 특수화학 비중이 60%를 넘어섰다. 또한 일본의 GDP 대비 고정자산투자 비중도 1990년 약 30% 수준에서 이후 20~25% 수준으로 감소했다. 이는 일본이 저부가가치 제조업 중심의 산업구조에서 벗어나, 더 이상 고정자산투자나 노동력만으로 승부할 수 없는 환경, 고부가가치 중심의 산업구조로 전환했음을 보여준다.

예시로 든 기업들의 경우 대기업이었기에 사업부나 비핵심 자산을 매각하는 방식으로 살아남을 수는 있었지만 중소기업은 그마저도 불가능했다. 경쟁에서 도태된 기업은 자연스레 폐업 수순을 밟을 수밖에 없었고, 미래 산업에 초점을 맞춰 구조조정과 사업구조 재편에 성공한 기업만이 살아남게 되었다. 결국, 기업 파산이 당시를 기점으로 급격히 늘어나게 되었다.

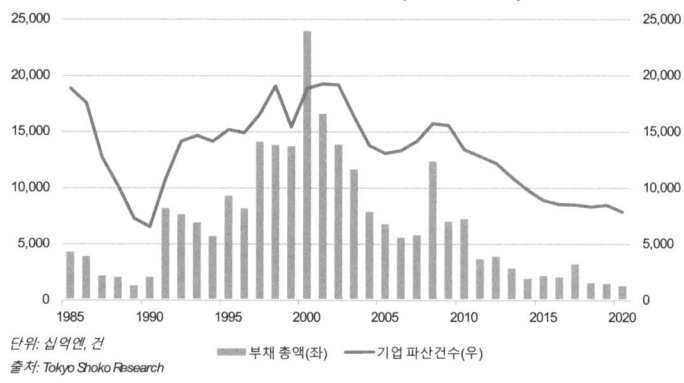

단위: 십억엔, 건
출처: Tokyo Shoko Research

한국 매크로 톺아보기(현재)

서론에서 언급했지만, 상황을 더 자세히 살펴보자. 한국은 이미 저성장에 진입했다. 많은 데이터가 현재 한국이 일본의 1995년 즈음과 유사하다는 점을 보여준다.

경제학적으로 잠재성장률은 경제가 인플레이션을 유발하지 않고 달성할 수 있는 최대 성장률을 의미하며, 이를 결정하는 요소는 노동, 자본, 총요소생산성(기술)이다. 0.7명대의 유례없는 저출산과 초고령화 사회로 진입하는 현 상황은 생산가능인구의 감소를 가져오고 있고, 80%에 가까운 가계자산은 생산성 있는 분야가 아닌 부동산에 집중되어 있으며, 기업의 투자는 해외를 향하고 있다. 총요소생산성 역시 주요국 대비 낮은 수준을 보이고 있는데, 미국을 1로 봤을 때 한국은 0.6 수준에 불과하다.

이로 인해 한국의 잠재성장률은 2% 이하로 하락하는 것은 물론, 1%대를 향해 달려가고 있다. 당연히 실질성장률도 마찬가지다. 3% 내외의 성장이 당연했던 10년 전과 달리 이제 2% 성장만 해도 다행이라는 생각이 든다. 그리고, 하락 속도에는 가속이 붙고 있다.

그간 한국의 성장 키워드는 수출과 제조업이었다. 1964년 세계 수출 규모 83위였던 한국은 2023년 8위까지 성장했고, 수출이 GDP에 기여하는 비율은 1965년 10%대에서 2020년 40%대까지 상승했다. 싸게 많이 팔아 넘기는 것만이 아니라 기술적으로도 뛰어난 성장을 보여왔는데, 각 분야에서 '세계 1위' 자리에 있는 기업도 많다. 세계 1위 메모리 반도체도, 세계 1위 철강사도, 세계 1위 조선사도 한국에 있다.

하지만 코로나를 기점으로 변화가 일어나고 있다. 2018년 한국의 국가별 수출 비중은 중국이 26.8%, 미국이 12.0%였으나 2024년에는 각각 19.5%와 18.7%로 간격이 좁아졌다. 중국 중심 글로벌 공급망이 미/중으로 양분됨에 따른 결과다. 문제는, 이에 대한 영향이 점차 드러나고 있다는 것이다.

2008년 금융위기 이후 한국은 중국 향 수출에 기대어 높은 수준의 무역흑자를 기록해왔다. 그러나 2022년 역대 최대 규모의 무역적자가 관찰되었는데, 금융위기 당시 기록했던 무역적자보다 4배가량 높은 수준이다. 물론 원자재 가격 상승 영향이 크지만, 이를 고려하더라도 무언가 구조적인 변화가 일어나고 있음은 분명해 보인다.

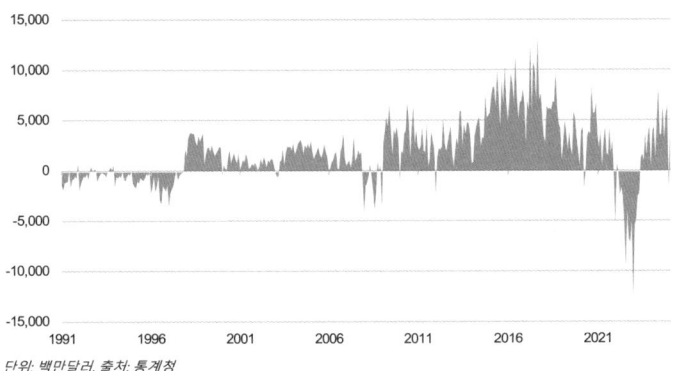

단위: 백만달러, 출처: 통계청

그리고 이 구조적인 변화는, 중국의 무역수지를 통해 확인할 수 있다. 10년 전만 하더라도, 중국은 선진국을 대상으로 대규모의 무역적자를 기록해왔다. 하지만 이제 무역적자의 폭은 과거 최대치의 10~20% 수준으로 줄어들었고, 독일과 일본 등 일부 국가를 대상으로는 이따금씩 무역흑자를 기록하는 모습까지 보인다. 이는 중국이 많은 산업에서 수직계열화에 성공해 자급자족하고 있음을 의미하며, 과거 한국의 수출 성장 공식이 더 이상 효과적이지 않다는 점을 시사한다.

또한, 일본 사례에서 본 것처럼 제조업 패권은 20년 이상 유지되기 힘들다. 1990년 이후 제조업 패권을 쥐어 온 한국은 이제 패권을 내려놓고 있다. 한국의 경제성장에 따른 당연한 결과다. 국내 설비투자를 멈추고 기업들이 해외에 공장을 짓는 것만 봐도 그러하다.

한국은 장치산업을 중심으로 성장해왔다. 장치산업이란 거대한 설비나 장치를 필요로 하는 공업으로, 석유화학, 철강, 시멘트, 제지 등이 대표적이다. 물론 장치산업 내에서도 저부가가치 제품보다는 중간 수준 이상의 기술에서 강점을 가지고 있는 한국이지만, 대규모 설비투자와 인력이 필요하다는 장치산업의 본질에서는 벗어나지 않는다. 지난 70년간 이뤄온 경제성장에 따라, 제조업 패권의 약화는 더욱 확정된 미래다.

20년 만에 호황을 맞은 조선사들은 인력 부족으로 생산에 차질을 겪고 있다. 그리고 미래 먹거리로 여긴 2차전지는 단 몇 년 만에 중국에 밀리는 모습이다. 이미 몇 년 전부터 중국은 무섭게 치고 올라와 철강, 디스플레이 등 한국의 기존 주력 산업들을 잠식해오고 있다. 결국 비용의 측면에서 저부가가치 산업을 유지하기보다는, 고부가가치 산업으로의 이동이 필요하다.

물론 플라자·루브르합의, 극심한 버블, 혹은 금융위기와 같은 큰 이벤트는 없지만 2022년부터 이어진 고금리가 문제점을 드러나게 하고 있다. 결국 일본 기업들이 해온 것처럼 한국의 기업들도 변화가 필요하고, 그 변화는 이미 기업들의 구조조정과 사업구조 재편, 선택과 집중으로 수면 위로 드러나고 있다. 변화하는 현재 상황과 변화의 중심에서 PE는 어떤 기회를 포착할 수 있을 지까지 살펴보자.

한국의 사업구조 재편과 구조조정

삼성은 이재용 회장이 총수 자리에 오른 후 2014~2017년 이미 한

차례 사업구조를 재편했다. 특히 한화에게 1조9천억 원에 매각한 방산 4개사는 1997년 이후 처음으로 매각한 주요 계열사였기에 관심이 집중됐는데, 삼성은 그후에도 다른 화학계열 3개사를 롯데에게 3조 원에 매각했다. 또 프린터와 카메라 사업에서 손을 떼며 사업 구조를 전자, 금융, 바이오, 건설, 중공업으로 단순화했다.

그리고 '삼성 위기설'이 제기된 지금, 다시 사업구조를 재편하고 있다. AI 시대를 맞이했지만 HBM 기술력 부족으로 SK하이닉스에게 물량을 모두 내주고 있고, 성장해야 했던 파운드리 사업은 TSMC에게 밀리고 있으니, 그룹 차원에서 선택과 집중이 필요하다고 판단했을 것이다.

2024년 9월에는 수익성 문제로 삼성SDI의 편광필름 사업부를 1조1천억 원에 중국 우시헝신에 매각했고, DS부문의 LED 사업부에서 철수할 것임을 밝혔다. 이유는 낮은 수익성과 낮은 기술 난이도였다. 결국 부가가치가 낮은 사업은 정리하고 첨단산업에 집중할 수밖에 없는 것이다. LED 사업부의 직원을 반도체 라인에 재배치하겠다는 계획 또한 선택과 집중의 결과를 나타낸다.

또, 구조조정과 사업구조 재편에서 빼놓을 수 없는 그룹은 롯데다. 2024년말, 여러 매체를 통해 롯데가 유동성 위기에 처했다는 소문이 돌았다. 롯데는 사실이 아니라고 해명했지만, 직후 보여준 일련의 조치는 해명을 무색하게 했다. 그룹 차원의 인원감축에 나서 임원을 22% 줄였고, 다수 계열사에서 희망퇴직을 시행했다. 삼성, SK, LG 등 다른 대기업들도 인원감축에 나섰지만, 롯데의 강도가 가장 강했다.

롯데는 인원감축 뿐 아니라 계열사 슬림화에도 나섰다. 롯데헬스케어를 청산했고, 롯데면세점은 따이공(롯데면세점의 외형 성장을 도왔던 중국의 보따리상)과의 거래를 중단하며 몸집을 줄이고 있다. 롯데쇼핑은 롯데백화점 부산 센텀시티점 등 성과가 저조한 점포들을 매각·폐업 중이며, 롯데케미칼은 말레이시아 합성고무 생산법인 LUSR을 청산하기로 결정했다. 특히 롯데케미칼의 상황은 심각해 그룹의 상징인 롯데월드타워까지 담보로 내놓은 상태다.

매각 작업도 활발히 진행 중이다. 이미 큰 거래가 성사됐는데, 2024년 12월 렌터카 1위 업체 롯데렌탈을 1조6천억 원에 어피니티에 매각했다. 어피니티는 이미 업계 2위 SK렌터카를 보유하고 있어, 롯데렌탈을 인수함으로써 시장 지배력을 확보하고 볼트온 전략을 통해 효율성을 높이려 했을 것이다.

롯데카드 역시 매각에 나섰고, 호텔롯데·롯데캐피탈 등 비주류 계열사들도 시장에 매물로 내놓았다. 사실상 롯데의 거의 모든 계열사가 잠재적 매각 대상으로 거론된다. 물론 롯데의 선택과 집중의 경우, 고금리로 인한 유동성 악화의 영향이 크다. 그러나 일본의 과거와 한국의 매크로 상황을 고려하면, 본질적 경쟁력 약화의 영향 역시 무시할 수 없다. 고금리를 계기로 결국 다가올 미래의 위기가 앞당겨졌다고 볼 수 있다.

사례 분석 ①: 대기업 리밸런싱에서의 기회

고금리가 트리거가 되어 구조조정을 시작한 그룹이 롯데라면,

과거부터 꾸준히 선택과 집중을 해나가고 있는 그룹은 SK다. 하지만 아직도 갈 길은 멀다. 삼성·현대·LG 등은 6~70개의 국내 계열사를 가지고 있는 데에 비해 SK는 200개가 넘는 만큼 떨어내야 할 사업 또한 많기 때문이다. 상장한 국내 계열사만 20개가 넘는다. 감당할 수 없을 만큼 사업을 다각화한 것 같지만, 사실 SK는 앞에서 언급한 성장 방식대로 착실하게 성장해온 그룹이다. SK그룹의 역사부터 살펴보자.

SK그룹의 모태는 작은 직물공장을 운영하던 선경직물이다. 선경직물은 당시 다른 기업들이 그러했듯 값싼 인건비를 바탕으로 사업을 확장했고, 1970년대 섬유산업 호황기에 수출을 확대해 국내 대표 섬유업체로 성장했다. 정부 주도 수출산업 육성 정책과 맞물려 저부가가치 사업에서 과감한 투자를 통해 오늘날 SK그룹의 토대를 마련한 것이다. 한국 대기업의 전형적인 과거 성공 방식이다.

최종건 초대 회장의 별세로 경영권을 이어받은 최종현 회장의 선택은 에너지·화학이었다. 이에 선경은 1980년 대한석유공사를 인수하게 된다(현 'SK이노베이션'). 이는 재계의 판도를 바꾼 선택이었는데, 재계 10위 안팎을 맴돌던 선경은 해당 인수건으로 재계 5위로 올라서게 된다. 그후 SK그룹을 현재의 대기업으로 성장시킨 중요한 두 번째 선택은 1994년 한국이동통신(현 'SK텔레콤') 인수였다.

최종현 회장의 선견지명이 어디까지였는지는 알 수 없다. 하지만 결과적으로 SK이노베이션과 SK텔레콤은 국민 생활에 필수적이면서도(안정적인 수요) 규제로 인한 과점(공급 제한)을 누리는, SK그룹 최고의 캐시카우로 성장했다. 이는 SK가 사업을 다각화하고 미래를 준비할 수 있게 하는 중요한 초석이 되었다.

다음으로 후계자가 된 최태원 회장의 선택은 반도체와 바이오였다. SK이노베이션과 SK텔레콤은 매우 안정적인 캐시카우이긴 하나 성장이 없다는 단점이 있기에, 그룹의 성장을 위해 선택한 사업이었다. 2011년에는 신약을 개발하는 SK바이오팜을 출범했고, 2012년에는 현대전자와 LG반도체가 합작하여 설립한 하이닉스반도체(현 'SK하이닉스')를 인수했다. SK하이닉스는 10년 만에 시가총액 150조 원 이상의 글로벌 반도체 기업으로 성장함으로써 SK그룹 그 자체가 되었다.

역사를 보면, SK그룹은 항상 기존 산업의 안정적인 현금흐름을 바탕으로 계속해서 신사업을 성공적으로 이끌어왔다. 섬유에서 화학으로, 화학에서 반도체와 바이오로 부가가치를 높여갔고 이른바 당대의 '첨단산업'이라 여겨지는 산업으로의 선택과 집중을 반복해왔다. 제조업 패권 약화에 따라 신성장 동력을 모색해야 하는 다른 한국 기업들에게 필수불가결한 과정일 것이다. 그렇다면 SK그룹의 현재는 어떨까?

SK는 미래의 핵심 사업으로 4가지를 선택했다. 첨단소재, 그린(친환경), 바이오, 디지털이 바로 그것이다. 그 중에서도 고성능 반도체와 반도체·전기차 소재(첨단소재), 전기차 배터리와 재생에너지(그린), AI와 데이터센터(디지털), 신약 개발 및 CDMO(바이오)를 중장기적 관점의 사업 포트폴리오로 내세웠다.

SK하이닉스와 SK텔레콤이 있는 첨단소재와 디지털 분야는 기존 영업으로 추가 투자금을 충당할 수 있지만 그린과 바이오, AI에서는 다르다. 아직 실적이 제대로 나오지 않는 분야이면서, 투자는 계속해서 이루어져야 한다. 대표적으로 배터리 분야에서 SK온이 그렇다.

SK온 요약손익				
	2021A	2022A	2023A	2024A
매출액	1,063.9	7,617.8	12,897.2	14,034.7
% yoy		616.0%	69.3%	8.8%
영업이익	(313.7)	(1,072.7)	(581.8)	(1,086.6)
% opm	-29.5%	-14.1%	-4.5%	-7.7%
당기순이익	(242.3)	(1,064.1)	(748.1)	(2,061.7)
% npm	-22.8%	-14.0%	-5.8%	-14.7%
EBITDA	(244.7)	(666.9)	(4.9)	(302.9)
% margin	-23.0%	-8.8%	0.0%	-2.2%
CAPEX	771.8	4,888.7	9,788.7	9,372.6

단위: 십억원, 출처: DART

영업으로는 계속해서 적자를 내면서 연 10조 원에 육박하는 투자가 필요한 모습이다. 만약 SK온이 SK라는 그룹에 속해 있지 않았다면, 기업의 존속이 가능할 지에도 의심이 가는 상황이다. 물론 그룹 측면에서 봐도 심각한데, 2024년과 같은 호황기가 아니라 평소 상황을 고려하면 SK하이닉스가 벌어들이는 이익의 대부분을 쏟아부어야 할 수준이기 때문이다.

더군다나 현재 2차전지 산업의 상황은 그야말로 암울하다. 전기차 시장에 캐즘이 닥쳤다는 이야기는 시장에 퍼진지 오래고, 중국의 물량 공세로 한국의 2차전지 기업들은 경쟁력을 잃고 있다. '여기까지만' 보면 최태원 회장의 배터리 분야 진출은 잘못된 선택처럼 보이기도 한다.

SK그룹은 작금의 상황을 포트폴리오 리밸런싱으로 타개하고 있다. 구체적으로는 배터리·바이오 분야의 적자 계열사에 알짜 계열사를 붙여주거나, 비핵심 계열사나 사업부를 매각하는 방식이다. 이중 후자, 비핵심 계열사나 사업부의 매각 과정에서 대다수의 딜이 PE와 이루어지고 있다.

특히 SK그룹과 각별한 관계에 있는 PE는 한국 최대 규모 PEF를 결성한 한앤컴퍼니. 2018년부터 7년간 양사 사이 성사된 거래만 8건이며, 총 거래규모는 7조 원을 넘어간다. (케이카, SK디앤디, SK해운, SK에코프라임, SK마이크로웍스, 솔믹스, SK플라즈마, SK스페셜티, SK엔펄스 CMP패드 사업부) 이처럼 두터운 신뢰를 바탕으로 양사가 거래할 때는 M&A 자문사조차 활용하지 않는다고 한다. 그렇다면 한앤컴퍼니가 SK의 리밸런싱 매물에 지속적으로 관심을 보이는 이유는 무엇일까?

기업의 계열사나 사업부를 대상으로 이루어지는 딜을 **카브아웃**Carve-out 딜이라고 한다. 카브아웃 딜은 PE에게는 항상 뜨거운 딜이 된다. 비즈니스모델이 이미 검증된 이른바 '알짜' 회사인 경우가 많으며, 기업이 다른 사업에 집중하느라 투자를 미흡하게 해왔거나 내부 시스템을 개선하지 않은 경우 알파를 노릴 수 있는 기회가 되기도 하기 때문이다.

특히 한국 기업들이 신성장동력으로 삼는 사업부와 달리, 구조조정이나 사업 재편 대상으로 삼는 사업부는 성장 여력은 크지 않더라도 안정적으로 이익을 창출하는 경우가 많다. 실적의 안정성을 기반으로 수익을 추구하는 PE에게는 매우 매력적인 매물이다. 기업은 당장 필요한 현금을 조달할 수 있고, PE는 알짜 회사를 인수할 수 있으니 서로에게 윈-윈인 셈이다.

한앤컴퍼니의 SK 리밸런싱 딜은 현재까지는 성공적인 것으로 보인다. 아직 엑싯이 완료되지 않은 투자가 많아 최종 성과를 단정하기는 이르지만, SK에코프라임 사례만 봐도 성과가 가시적이다. 한앤컴퍼니는 2020년 SK에코프라임을 약 3,800억 원에 인수해 2023년 약 5,400억 원에 매각했으며, 인수금융과 리캡을 고려하면 10% 초중반대 IRR을 기록했을 것으로 추정된다. 2018년 인수한 케이카의 EBITDA는 115억 원에서 1,185억 원으로 크게 뛰었고, 같은 해 약 1조5,000억 원에 인수한 SK해운은 현재 7,000억 원에 가까운 EBITDA를 기록 중이다.

기업의 선택과 집중에 따른 매각은 계속해서 나오고 있고, 앞으로도 계속될 것이다. 2024년 국내 최대 규모의 M&A였던 IMM컨소시엄의 에코비트 딜 역시 태영그룹의 구조조정 과정에서 나온 매물이었다. SK의 리밸런싱 매물도 여전히 많고, 롯데 역시 지속적으로 구조조정 매물을 내놓고 있다. SK는 한앤컴퍼니가 선제적으로 기회를 잡았지만, 롯데를 비롯한 다른 대기업의 매물에는 어떤 PE가 주도권을 쥘지 궁금하다.

사례 분석 ②: 떨어진 칼날 싸게 사기

이처럼 대기업은 구조조정과 사업구조 재편을 이어가는 와중,

중소기업의 상황은 어떨까? 일본의 사례에서는 매크로 악화와 제조업 패권 약화가 중소기업의 파산으로 이어졌는데, 한국도 유사한 모습을 보이고 있다.

2023년에는 이미 기업파산건수가 역대 최고치를 달성했고 2024년에는 당연하다는 듯이 이를 갱신했다. 물론 기업의 파산은 대출이 어려워지는 경우 이루어지기에 고금리의 영향이 가장 크다. 하지만 과거 고금리 싸이클과 비교해 차원이 다른 규모를 보이는 것은, 구조적인 변화가 일어나고 있다고 보는 편이 합리적이다.

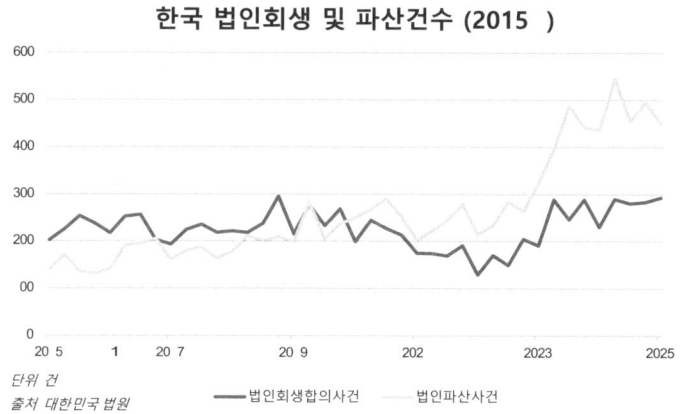

투자에는 단순하게 두 가지 전략이 있다. 잘되는 기업이 더 잘되는 방향에 베팅하거나, 안되는 기업이 턴어라운드하는 방향에 베팅하는 방식이다. 후자의 경우 예측이 맞아떨어진다면 큰 수익이 돌아오지만 그만큼 리스크도 크다. 그러나 여기서의 리스크는 기업이 살아날 가능성을 의미하기에, PE에게는 오히려 유리한 전략일 수 있다. 앞서 말했듯 기업은 자금을 조달하지 못해서 도산하는데, PE는 회생을 위해 투입할 자금을 가지고 있기 때문이다. 또한, 투자자가 가장 좋아하는 상황은 시장의 오해로 인해 가격이 내재가치에 비해 과도하게 떨어진 상황이다.

이처럼 부실해진 기업에 주로 투자하는 펀드를 벌처펀드$^{\text{Vulture Fund}}$라고 부르고, 부실기업을 인수하여 구조조정으로 살린 뒤 매각하는 구조조정기구를 CRC$^{\text{Corporate Restructuring Company}}$라고 한다. CRC 제도는 IMF 이후 잠시 도입되었다가 폐지되었는데, 한 해에 해산한 CRC 조합의 평균 IRR이 26%였을 정도로 고수익 비즈니스였다.

위대한 투자자로 알려진 하워드막스의 오크트리 캐피탈도 벌처투자로 큰 수익을 본 운용사다. 벌처펀드는 부실기업처럼 하이리스크인 다른 자산군에 투자하기도 하는데, 오크트리의 경우 고수익 채권과 부실채권에 집중했으며, 특히 금융위기로 인해 넘쳐난 부실채권에서 큰 수익을 거뒀다. 오크트리는 장기적으로 19%가 넘는 IRR을 기록하며 뛰어난 성과를 보여주고 있다.

동부제철(현 'KG스틸')은 동부그룹에 속한 국내 5위 철강 기업으로, 한때 세계 최대 규모의 전기로 제철 공장도 보유했을 정도로 경쟁력 있는 기업이었다. 하지만 당시 대다수 제조업 기업들이 그러했듯, 2008년 금융위기 이후 극심한 위기를 겪었다.

동부제철은 체급을 키우기 위해 설비투자를 계속해서 늘려가던 상황이었고, 이에 따라 금융위기 전에도 200% 내외의 부채비율을 보여, 차입금과 사채가 자본총계와 비슷할 정도로 많이 쌓인 상황이었다. 이런 상황에 금융위기가 터졌으니 버텨낼 여력이 없었을 것이다.

동부제철 요약재무제표 (인수 전)					
	2010A	2011A	2012A	2013A	2014A
매출액	3,934.2	4,259.5	3,562.1	3,364.7	3,024.4
% yoy		8.3%	-16.4%	-5.5%	-10.1%
영업이익	16.9	21.4	8.4	16.8	(160.1)
% opm	0.4%	0.5%	0.2%	0.5%	-5.3%
금융비용	(239.5)	(282.2)	(231.3)	(239.3)	(292.5)
당기순이익	(110.2)	(216.9)	(110.1)	(140.5)	(1,281.2)
% npm	-2.8%	-5.1%	-3.1%	-4.2%	-42.4%
EBITDA	161.3	193.7	185.3	193.8	3.8
% margin	4.1%	4.5%	5.2%	5.8%	0.1%
자산	5,259.7	5,310.3	5,346.7	5,241.5	3,393.9
부채	3,809.2	3,821.0	3,874.0	3,914.8	3,324.4
자본	1,450.5	1,489.3	1,472.7	1,326.7	69.5
부채비율	262.6%	256.6%	263.1%	295.1%	4783.1%

단위: 십억원, 출처: DART

　부채는 날로 늘어갔고, 저마진 구조 속에서 이자비용까지 불어나며 순손실은 확대될 수밖에 없었다. 재무구조는 점차 악화됐고, 2014년에는 공장 운영 중단에 따른 손상차손을 1조 원 넘게 인식하며 자본잠식 상태에 가까워졌다. 결국 동부제철은 부채를 상환하지 못했고, 경영권은 동부그룹에서 산업은행으로 넘어갔다.

　산업은행을 비롯한 채권단이 출자전환(채권을 주식으로 전환)으로 급한 불을 끄긴 했지만, 공장 가동이 멈춘 기업이 정상화되기는 어려웠다. 동부제철의 적자는 좀처럼 개선될 기미를 보이지 않았고, 산업은행은 무상감자와 출자전환을 반복하며 일종의 연명

치료를 이어갔다. 산업은행 입장에서는 어차피 회수가 어려운 채권이라면 출자전환을 통해 기업의 회생을 노려보는 편이 낫기 때문이다. 동시에 자금 회수를 위해 동부제철의 인수자를 찾기 시작했으며, 3~4년이 지난 뒤인 2019년에 이르러서야 KG그룹과 캑터스PE가 인수자로 나섰다. 주가는 유동성 위기를 겪기 전에 비해 99% 이상 하락한 상황이었다.

2018년 동부제철의 주주구성을 보면, 최대주주인 산업은행(39.17%)을 비롯한 농협은행(14.90%), 한국수출입은행(13.58%) 등 채권단 지분이 총 85%였다. 2019년 채권단은 KG스틸·캑터스PE과 경영권 매각을 합의한 후, 6천억 원어치의 채권을 출자전환하고 8.5대1의 비율로 무상감자까지 실시했다.

그 후 KG스틸은 2천억 원, 캑터스PE는 1,600억 원을 유상증자를 통해 투입하는 형태로 경영권을 가져왔다. 결과적으로, 산업은행은 3천억 원을 출자해 지분 13.28%를, KG그룹·캑터스PE는 3,600억 원을 투자해 지분 71.96%를 가져오게 되었다.

2019년 반기 자본잠식 상태에서 채권단의 출자전환 후 자본총계가 5,700억 원이었으니 PBR 0.9배 수준으로 경영권을 가져온 것이었다. 2019년 실적 기준 EV/EBITDA는 15~16배 수준이었다. 물론 부실기업을 당시 실적만 보고 인수했을 리는 없다. 부실기업 M&A는 운영 정상화를 통한 기업가치 회복이 기본 전략이기 때문이다.

그렇다면 KG스틸·캑터스PE는 왜 아무도 관심을 두지 않던 동부제철을 인수했을까? 첫째, 가격 메리트가 컸을 가능성이 높다. 채권단은 2016년 첫 출자전환 이후 무려 3년간 매각을 시도했지만 번번이 실패했다. 장사의 기본은 간단하다. 잘 팔리지 않는 물건은 구매자가 협상에서 우위를 점하고, 반대로 잘 팔리는 물건은 판매자가 유리한 고지를 점한다. KG스틸·캑터스PE는 분명 채권단과의 협상에서 우위를 점했을 것이고, 이는 이미 저렴해진 매물을 더 저렴하게 인수할 수 있는 발판이 됐을 것이다.

둘째, KG그룹은 M&A를 통해 성장해온 기업집단이다. KG케미칼을 시작으로 여러 성공적인 인수·합병 사례를 쌓았고, 제조업 계열사도 다수 보유하고 있었다. 이미 철강 제조 경험도 갖추고 있었기에, 자금만 충분하다면 동부제철을 회생시킬 수 있다고 판단했을 것이다. 캑터스PE 입장에서는 철강업에 대한 운영 노하우가 있는 KG그룹이 파트너로 나섰기에, 가격만 맞다면 충분히 인수할 만한 가치가 있었다.

더군다나 캑터스PE의 정한설 대표는 구조조정 딜에 경험이 많았다. 정한설 대표는 서울대학교 항공운항공학과를 졸업하고 뉴욕대 MBA까지 취득한 후 삼성생명에서 커리어를 시작했는데, 그후 IMM인베스트먼트와 스틱인베스트먼트를 거쳤다. 정한설 대표가 스틱인베스트먼트에서 펼친 전략은 2000년대 초반 IT버블이 터지고 상황이 악화된 기업들을 싸게 인수하는 방식이었다. 또한, 이후에는 한화그룹의 구조조정 과정에서 매물로 나온 한화S&C 딜에 참여하기도 했다. 즉, 상황이 악화된 기업의 가치를 어떻게 끌어올리는지 잘 알고 있었다.

저부가가치 사업으로는 더 이상 미래가 없다는 것을 알았을까? 동부제철은 KG스틸·캑터스PE에 인수된 후, 마진이 낮고 시장 점유율도 미미했던 강관 사업에서 전면 철수했다. 대신, 컬러강판 등 마진이 높고 자체 경쟁력이 있는 고마진 제품에 집중하기 위해 인수 직후 650억 원 규모의 신규 투자를 단행했다. 오랜 기간 적자가 누적돼온 만큼, 집중할 수 없는 분야는 과감히 정리하고 잘할 수 있는 분야에 역량을 쏟는 전략을 택한 것이다.

추가로, 투입한 자금으로 부채를 상환해 이자비용을 크게 줄이고, KG그룹의 노하우를 활용해 물류비를 절감하는 등 비용 효율화에도 성공했다. 그 결과 인수 이듬해인 2020년, 무려 11년 만에 흑자 전환에 성공했다. 이어 코로나발 원재료 가격 상승이 철강 가격 인상으로 이어지며 외형 성장과 함께 마진이 추가로 개선되었고, 이는 2021년과 2022년 실적 급등으로 직결됐다. 2019년 대비 EBITDA는 3.5배, 영업이익은 8배로 폭발적인 성장세를 기록했다.

동부제철 요약재무제표 (인수 후)					
	2019A	2020A	2021A	2022A	2023A
매출액	2,428.3	2,342.4	3,354.8	3,819.7	3,429.8
% yoy		-3.5%	43.2%	13.9%	-10.2%
영업이익	34.6	110.8	296.9	340.4	280.4
% opm	0.9%	2.6%	8.3%	10.1%	9.3%
당기순이익	(33.5)	66.9	190.7	534.8	235.2
% npm	-0.9%	1.6%	5.4%	15.9%	7.8%
EBITDA	93.0	169.0	339.3	386.0	325.2
% margin	3.8%	7.2%	10.1%	10.1%	9.5%
자산	2,355.3	2,257.7	2,771.1	3,051.5	3,195.5
부채	1,465.8	1,285.0	1,620.9	1,361.3	1,304.9
자본	889.5	972.7	1,150.2	1,690.2	1,890.6
부채비율	164.8%	132.1%	140.9%	80.5%	69.0%

단위: 십억원, 출처: DART

실적과 함께 주가도 인수 후 4배 가까이 상승했다. KG그룹은 SI로서 참여한 것이기에 아직 최대주주로 남아있고, FI인 캑터스PE는 2022년부터 지분을 꾸준히 매각해왔다. 배당과 2023년까지 매각한 지분을 고려하면, 이미 원금은 회수한 것으로 보인다. 인수금융 여부 등 딜구조가 자세히 공개되진 않았기에 정확한 수익률을 알 수는 없지만, 원금회수까지의 기간과 남은 지분을 고려했을 때, 두자릿수 이상의 만족스러운 수익률은 거둘 것으로 추정된다.

동부제철 딜은 기업의 펀더멘털 측면에서 바라봤을 때 매우 모범적인 구조조정 딜이다. 고금리가 앞당긴 구조적인 문제는 계속해서 드러날 것이고, 20여년 전의 CRC 비즈니스를 다시 공부해볼 때다.

저출산과 고령화에서의 시사점

앞서 설명한 매크로나 경제구조를 제외하고 한국과 일본의 유사점을 생각해보면, 저출산과 고령화가 떠오른다. 일본은 이미 한국보다 앞서 인구구조에 대한 문제를 겪은 만큼, 이 부분에서도 배울 점이 많다. 가장 핵심적인 문제는 가업 승계다.

일본에서는 일찍이 경영자의 고령화와 중소기업의 후계자 부재가 사회 문제로 부각되었다. 일본 중소기업 경영자 중 가장 높은 연령대 비중은 2005년 50-54세에서 2015년 65-69세로 옮겨갔고, 일본 경제산업성은 2025년 70세를 넘는 중소기업 경영자가 전체의 64%를 차지할 것이라 추산하였다. 이는 흑자기업이 폐업하는 일이 반복되며 경제에 악영향을 줄 것이라는 우려를 불러왔다.

그렇다면 왜 이들이 승계를 하지 않을까? 주요 원인으로는 두가지가 꼽히는데, 자녀가 승계를 원하지 않거나, 상속세율이 너무 높기 때문이다. 일본이든 한국이든 고령의 경영자가 오랜 기간 사업을 이어온 기업은 소위 '고루한' 비즈니스를 영위하는 경우가 많다. 기업의 성장을 도모하기가 힘들다는 말이다. 또, 경영자의 자녀라도 누구나 경영을 하고 싶은 것은 아니기에, 이 경우 지분보다는 현금 상속을 선호하게 된다.

한국과 일본의 상속세율은 OECD 주요국 중에서도 가장 높은 수준인데, 한국은 50%, 일본은 55%에 달한다. 한국은 최대주주의 지분 상속 시에는 20%의 할증까지 부과하기에 최대주주의 실질 상속세 최고세율은 60%에 육박한다.

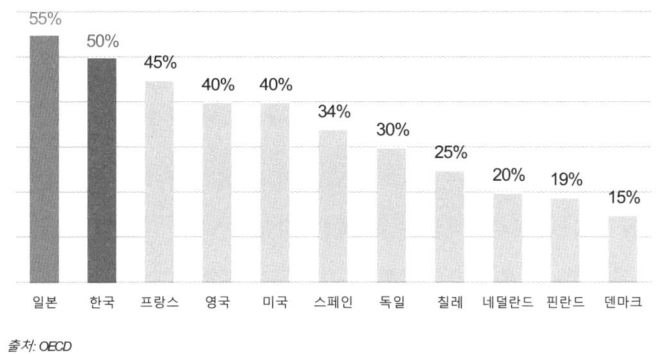

출처: OECD

    높은 상속세율은 당연히 승계의 걸림돌이 된다. 최대주주 일가 입장에서 생각해보면, 매각할 수도 없는 지분을 상속받아놓고 절반에 달하는 금액을 세금으로 내야 하기 때문이다. 최대주주 일가에게는 고민거리가 될 수밖에 없다.

    한국의 높은 상속세율은 최대주주가 주가를 낮추기 위해 애쓰는 아이러니한 상황까지 만든다. 한국 주식투자자들이 코리아 디스카운트를 가장 뼈저리게 체감하는 시기가 바로 최대주주의 상속이 임박했을 때다. 상속을 앞둔 최대주주는 보통 주주환원을 줄이고, 기업의 부정적인 면을 부각하는 등 지분가치를 최대한 낮춰 상속세를 줄이려고 하기 때문이다. 오죽하면 승계 전문 사외이사가 있을 정도다.

    승계가 어렵다면, 선택할 수 있는 다른 방안은 지분 매각이다. 일본의 중소기업 M&A 건수는 2014년 308건에서 2022년 5,717건으로 19배나 급증했다. 또한 일본 중소기업청에서 발표한 자료에 따르면, 일본 중소기업 70대 이상 경영자의 M&A 목적 중 67.5%가 사업승계로 가장 높은 비중을 차지한다. 이처럼 일본에서 승계의 대안으로 M&A가 원활히 이뤄질 수 있었던 배경에는 정부와 금융기관의 다각적인 지원이 자리잡고 있다.

대형 금융기관들은 승계 문제를 겪는 중소기업을 타깃으로 펀드를 조성했고, 중소기업 M&A 전문 중개기관도 다수 등장했다. 니혼M&A센터, Strike, M&A캐피탈파트너스 3사가 대표적이며, 이들의 계약 건수는 승계 문제가 본격화된 이후 빠르게 증가 중이다. AI로 인수자를 찾아주는 시스템까지 도입해 계약 건수를 빠르게 늘리고 있는 M&A종합연구소 역시 일본의 가업 승계 문제 해결을 주요 과제로 삼는다.

승계 문제가 불거지자 새로운 비즈니스가 도입되기도 했는데, 바로 서치펀드다. 서치펀드$^{Search\ fund}$는 소수의 서쳐(Searcher)가 규모가 작은 기업을 찾아 인수한 뒤 직접 경영하는 펀드로, 1980년대 미국에서 개발된 투자모델이다. 서치펀드는 최대 3~500억 원 규모의 기업만을 인수하며, 사업을 오래 지속했지만 효율화 여지가 남아 있는 기업을 선호하기 때문에 승계 문제를 겪는 중소기업을 주로 타깃으로 삼는다. 일본에서는 2019년 야마구치 지방은행이 최초로 서치펀드를 조성하며 이 시장에 진출했다.

한국은 일본보다 인구구조가 10~20년 정도 후행하고 있어, 머지않아 승계 문제가 화두로 떠오를 것이다. 1960년 전후에 태어난 한국의 베이비부머 세대의 은퇴 시기에 접어들고 있으며, 이들이 결국 승계든 M&A든 결단을 내려야 하는 시점에 도달하고 있다.

인구구조 뿐 아니라 높은 상속세율 등 제도적 환경도 일본과 유사하기 때문에, 일본의 승계 사례는 한국에 매우 유용한 참고서가 된다. 일본의 금융기관들이 선제적으로 중소기업 승계 문제 해결에 나섰던 것처럼, 한국의 금융기관들도 조만간 같은 전략을 고민해야 할 시기가 도래하고 있다. 그리고, 이번에도 똑똑한 이들은 미리 미래를 대비하고 있다.

사례 분석 ③: 미리 대비하는 그들

리버티랩스는 2022년 12월 정재문 대표가 승계 문제가 있는 중소기업을 인수하여 직원소유기업으로 전환한다는 포부를 가지고 설립한 스타트업이다. 은퇴하는 사업주의 경영권을 M&A를 통해 바로 가져오거나 넘겨주는 것이 아니라, 인수 후 경영은 전문경영인에게 맡기고 전체 지분의 80%를 직원들에게 점진적으로 분배하는 한국에서는 특이한 비즈니스모델을 가지고 있다.

리버티랩스는 인수 후 지분 5~10%를 임직원에게 무상으로 증여한다. 그 후 인수된 기업은 매년 이익의 50%는 배당하고 50%는 리버티랩스 주식을 구매해 소각하도록 한다. 이는 직원과 이해관계가 일치하게 하고, 기업의 이익이 다른 중소기업의 문제를 해결하도록 돕는 역할을 한다. 이러한 구조는 리버티랩스가 타겟하는 기업이 승계 문제를 겪는 기업으로서 큰 금액의 투자를 필요로 하지 않고 현금흐름이 안정적인 경우가 많기 때문에 가능한 일이다.

제이원PE는 2024년 8월 이중호 대표가 소규모 사모투자회사를 인수해 설립한 PE로, 중소기업의 승계와 자산 이전을 고민하는 최대주주들에게 특화된 서비스를 제공한다. 이름은 PE지만 최대주주와 적절한 인수자를 연결해주는 M&A 중개기관의 역할을 한다. 팀 구성이 특이한데, 이중호 대표는 하나증권의 파생상품 애널리스트였고 팀의 다른 멤버는 변호사, 세무사, 회계사 등이다.

이중호 대표는 인터뷰에서 "국내에서는 자녀 승계 형태가 주류이지만, 앞서 고령화가 진행된 일본의 경우 M&A 방식을 찾는 수요가 크다"면서 "많은 금융 기관들이 가업 승계 수요에 대응한 전담팀을 만들고 있고, 정부 차원에서 지원정책도 확대될 것"이라고 하며 일본의 현재를 보고 한국의 미래를 대비하겠다는 제이원PE의 포부를 밝혔다.

또한, 한국에도 서치펀드가 등장했다. 사명도 한국 최초 서치펀드라는 의미를 담은 한국서치펀드다. 한국서치펀드를 창업한 찰스 류 대표는 승계난에 직면한 중소기업을 발굴해 대주주의 원활한 은퇴를 지원하고, 장기적인 경영을 통해 기업의 지속 가능성을 높이는 것을 목표로 하고 있다.

일본의 과거는 우리에게 많은 점을 시사한다. 경제구조, 인구구조 등 과거의 일본이 현재 한국과 너무나 닮았기 때문이다. 물론 시기에 따라, 지역에 따라 수많은 변수가 존재하기에 한국은 다른 길을 걸을 수도 있다. 하지만, 투자자는 가능성에 베팅해야 한다. 역사는 반복된다고 믿는다면, 다가올 가능성이 높은 미래를 미리 공부하고 대비해야 하지 않을까.

제9장

K-화장품에 부는 새로운 바람

과거 성공 공식

현재 성공 공식

PE의 브랜드사 투자

사례 분석: 충성 고객을 잡아라

PE의 ODM사 투자

09

K-화장품에 부는
새로운 바람

매해 주식시장에는 그해의 주인공이 되는 산업이 등장한다. 국내 시장만 고려했을 때, 2023년의 주인공은 단연코 에코프로를 필두로 한 2차전지였고, 아직 결정되지는 않았지만 2025년의 주인공은 조선과 방산이 차지한 듯하다. 그렇다면 2024년의 주인공은 누구였을까? 전력기기, 바이오 등 다른 답변도 가능하겠지만, 화장품을 제외하기는 힘들다는 사실에 모두 공감할 것이다.

그중에서도 주가가 비약적으로 상승하며 산업의 중심에 선 기업은 실리콘투다. 실리콘투의 EBITDA는 2024년 1,400억 원을 돌파해 3년 만에 12배 이상 상승했고, 주가는 그간 20배 이상 올랐다. 2024년 초 8,000원 수준이던 주가는 채 2년이 되지 않아 6만 원을 바라보고 있다.

실리콘투는 화장품 유통 플랫폼 기업이다. 국내 화장품 브랜드사로부터 화장품을 매입해 해외의 유통사나 소비자에게 판매하는, 중간 유통사 역할을 한다. 실리콘투의 실적이 폭풍 성장하고 있다는 사실은 단지 한 기업의 성과가 아니라, 한국 화장품 수출이 폭풍 성장하고 있음을 시사한다.

화장품이라는 제품의 특징을 생각해봤을 때, 사용하지 않는 사람은 있을 수 있어도 한 번만 사용하는 사람은 없기에 수요는 지속적으로 늘어날 수밖에 없는 구조다. 그렇기에 산업이 성장한다는 사실 자체가 놀랍지는 않다. 그러나 중요한 점은, 성장의 과실을 받아먹는 기업이 과거와 달라졌다는 것이다.

이러한 변화는 일시적인 유행으로 끝날 수도, 거대한 트렌드의 변화일 수도 있다. 주식투자를 할 때는 수출입 데이터와 온라인 판매 랭킹을 추적하며 투자할 수 있지만, PE는 상황이 나빠졌다고 급히 매각하기 어렵기에 본질을 파헤치는 세밀한 분석이 요구된다. 9장에서는 화장품 산업의 현황과 변화에 대해 분석하고, 화장품 기업 투자를 PE의 관점에서 고민해보았다.

과거 성공 공식

2010년대 중반, 국내 화장품 시장 성장의 과실을 받아 먹은 기업은 일부 중저가 브랜드사와 대형 2사(아모레퍼시픽, LG생활건강)였다. 이들의 성공 공식은 원브랜드숍과 면세점의 성장, 그리고 중국으로의 수출이었다.

더페이스샵, 미샤, 스킨푸드, 이니스프리 등으로 대표되는 원브랜드숍(브랜드사가 직접 유통·운영)은 2000년대 초반 경기 침체 속에서 등장했다. 내수 시장이 위축되자 소비자들은 합리적인 가격의 화장품을 찾기 시작했고, 브랜드와 유통을 통합해 가격 경쟁력을 갖춘 원브랜드숍이 빠르게 성장했다. 2010년 전후는 아직 인터넷 쇼핑이 활발하지 않았던 시기였고, 경제가 회복된 뒤에도 소비자들의 선호는 바뀌지 않았다.

여기에 외국인 관광객 수 증가가 더해졌다. 2010년 880만 명이던 방한 관광객은 2016년 1,700만 명까지 늘었고, 이들 중 절반은 한국 화장품을 구입해 갔다. 덕분에 명동 등 주요 상권에 화장품 매장이 대거 입점하게 되었고, "땅값 비싼 명동에서 버틸 수 있는 건 화장품 가게뿐"이라는 말까지 나왔다. 실제로 원브랜드숍 수는 2010년 5,000개 수준에서 2016년 8,000개를 넘어섰다.

면세점도 주요 성장 채널로 부상했다. 외국인 관광객 증가뿐만 아니라, 당시 3%대 경제성장을 이어가던 한국에서 해외여행을 떠나는 내국인 수도 함께 늘어났기 때문이다. 면세점 시장 규모는 2010년 4.5조 원에서 2016년 24.9조 원까지 급증했다. 면세 한도 600달러 안에서 구매하기 적절한 품목이자, 원가 대비 높은 할인율과 휴대의 간편함을 갖춘 화장품은 면세점의 핵심 판매 품목이 되었다. 이에 따라 면세점 매출에서 화장품이 차지하는 비중은 2010년 36%에서 2019년 69%까지 상승했고, 국내 화장품 시장 전체 매출에서 면세점이 차지하는 비중도 절반에 가까웠다.

이처럼 주요 판매 채널이 원브랜드숍과 면세점에 집중되면서, 일정 규모 이상을 갖춘 브랜드만이 시장의 과실을 누릴 수 있었다. 원브랜드숍은 주요 상권 입점이 가능한 자본력 있는 브랜드에 유리했으며, 면세점 소비자는 중저가 제품보다는 럭셔리 브랜드를 선호하는 경향이 있었기 때문이다. 럭셔리 브랜드는 긴 시간에 걸친 브랜드 구축이 필요한 만큼, 결국 아모레퍼시픽과 LG생활건강 같은 대형사들이 가장 큰 수혜자가 될 수밖에 없었다.

국내 화장품 시장은 내수에 그치지 않고 수출을 통해서도 크게 확장되었으며, 그 중심에는 중국이 있었다. 2010년대 들어 한국 화장품 브랜드가 중국 시장에 진출할 때는 'Made in Korea' 라벨만 붙여도 팔린다는 말이 나올 정도였다고 한다. 특히 2014~2015년에는 중국으로의 화장품 수출액이 전년 대비 최소 50%, 크게는 300%에 가까운 폭발적인 성장세를 보였다. 이러한 수출 호조는 K-뷰티 전성기를 견인했고, 관련 기업들의 주가 역시 가파르게 상승했다.

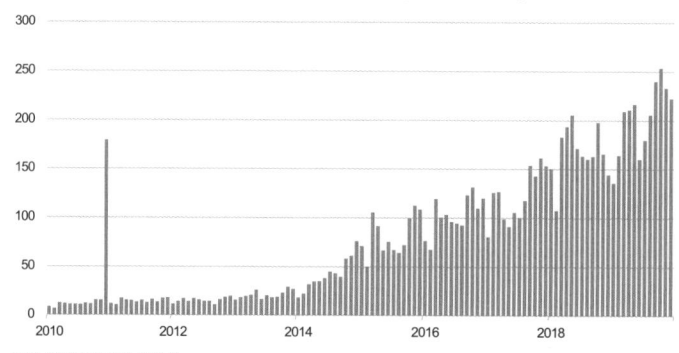

단위: 백만달러, 출처: 관세청

2010년대 국제 경제는 중국의 시간이었다고 해도 과언이 아닌데, 그중에서도 화장품에 대한 수요 증가가 두드러졌다. 매년 8~10%의 경제성장률을 일궈내며 글로벌 화장품 시장이 연평균 4~5%로 성장하던 시기, 중국의 화장품 시장은 연평균 12%로 성장했다. 국가가 개발도상국에서 도약하는 과정에서 국민들의 관심사가 필요한 제품에서 원하는 제품으로 옮겨가게 되는데, 당시 중국이 바로 이 소비 전환의 변곡점에 있었던 것이다. 화장품은 그 상징적인 수요 품목이었다.

하지만 한국 화장품 수출 호조가 중국 시장 전체의 성장에만 기댄 것은 아니었다. 중국 수입 화장품 시장에서 한국 제품이 차지하는 비율은 2010년 5%대에서 2015년 이후에는 미국과 일본을 동시에 제치고 20%를 훌쩍 넘기게 되었다. 차별점은 단연코 한류였다.

'상속자들', '주군의 태양' 등 히트 드라마는 우리에게도, 중국인에게도 유명하다. 2010년 전후는 한류가 전 세계로 본격적으로 퍼져 나가던 시기였고, 중국은 대표적인 수요층이었다. 대형 2사 중 한 곳인 LG생활건강은 2003년 '대장금', 2005년 '친절한 금자씨' 등으로 유명한 한류 열풍의 주역 이영애 씨를 자사 브랜드 '후'의 대표 모델로 발탁하며, 중국 시장을 공략하기도 했다. 방한 외국인 중 절반이 한국 화장품을 구매한 것도 한류의 영향이 절대적이다.

현재 성공 공식

과거 성장기에서 5~10년이 흐른 지금, 당시의 성장 공식은 더 이상 효과적이지 않다. 일단 화장품 산업 성장의 한 축이었던 원브랜드숍의 폐점이 2010년대 중반 이후 급증했는데, 2016년 8,000개를 넘었던 매장이 이제 1/3도 남아 있지 않다.

이로 인해 원브랜드숍의 상징이었던 미샤(에이블씨엔씨)는 IMM PE에게 골칫거리가 되었다. IMM PE는 2017년 미샤 지분 61.5%를 5,800억 원에 확보했는데, 현재 지분 가치가 1,300억 원 수준으로 하락해 경영권 프리미엄을 고려하더라도 원금 회수조차 쉽지 않은 상황이다. 일시적 트렌드와 구조적 변화를 구분해 내는 것이 중요한 이유가 이것이다.

여기에 2017년 사드 보복과 한한령, 2020년 코로나 팬데믹까지 겹치며 면세점 채널의 상황도 급격히 악화되었다. 이로 인해 과거 성장의 수혜자였던 대형 2사의 주가는 가파르게 하락하며, 다시 성장 초입기로 되돌아갔다.

화장품 대형2사 주가 (2010~2024)

단위: 원, 출처: investing.com —— LG생활건강(좌) —— 아모레퍼시픽(우)

그러나 원브랜드숍과 면세점이 사라진 자리를 온라인과 H&B 스토어(Health&Beauty의 약자로, 다양한 상품을 판매하는 유통 채널)가 빠르게 채우며 국내 화장품 산업은 다시금 새로운 성장 국면에 진입하고 있다. 과실을 받아먹는 기업이 바뀌었을 뿐이다. 온라인 시장의 비중은 2015년 8%에서 현재 20%를 넘어섰고, 화장품은 올리브영에서 사는 것이 당연한 시대가 되었다. 이러한 변화의 배경에는 두 가지 요인이 있다. 첫째는 소비자의 구매 성향 변화, 둘째는 마케팅 트렌드의 전환이다.

화장품이라는 제품의 본질로 잠시 돌아가보자. 화장품은 의류와 달리 과시적 소비 수요가 크지 않다. 본질적으로 장신구가 아니기 때문이다. 20만 원짜리 럭셔리 크림과 2만 원짜리 가성비 크림의 효과 차이가 크지 않다면, 굳이 더 비싼 제품을 선택할 이유가 없다. 이는 화장품 시장이 합리적 소비가 잘 작동하는 시장임을 의미한다.

2010년대 후반부터 한국은 본격적인 저성장 국면에 들어섰고, 소비자들의 실용적 소비 성향이 두드러졌다. 이러한 흐름을 뒷받침한 채널이 온라인과 H&B스토어다. 특정 브랜드만을 취급하는 원브랜드숍이나 럭셔리 중심의 면세점과 달리, 이들 채널에서는 소비자가 여러 브랜드 제품의 성능과 가격을 꼼꼼히 비교하고 선택할 수 있기 때문이다.

또, 사실 브랜드와 유통을 함께하는 원브랜드숍의 형태는 정상적이지 않다. 같은 화장품이라는 제품을 취급하더라도, 브랜드와 유통은 전혀 다른 비즈니스이기 때문이다. 세세한 전략부터 자금의 흐름까지, 오히려 공통점을 찾기가 힘들다. 그렇게 다른 국가에서는 일찌감치 브랜드와 유통이 분리되어왔다. 이제야 정상화된 구조라 할 수 있고, 일시적인 트렌드라고 보기는 힘들 것이다.

마케팅 트렌드의 변화 역시 동력을 불어넣고 있다. 2010년 이후 스마트폰 보급률은 가파르게 상승했고, MZ세대를 비롯한 현재 화장품의 주 소비층은 인터넷 쇼핑이 더 익숙한 세대다. 이에 따라 전통 광고 채널에서 벗어난 SNS 인플루언서 마케팅이 핵심이 되고 있고, 숏폼을 통한 광고가 너무나 자연스러워졌다. 틱톡을 볼 줄 모르면 소비재는 투자하기 힘들다는 말이 나오기까지 한다.

특히 코로나 시기 전세계적으로 SNS 사용 시간이 대폭 늘어나게 되었고, 트렌드의 변화는 가속화되었다. 이제 틱톡샵과 같이 SNS 내에서 직접 판매를 진행하기도 한다. 숏폼 영상을 제작하기 좋은 화장품이라는 제품의 특성에 힘 입어, 틱톡샵 판매 카테고리의 80% 이상은 'beauty care'가 차지하고 있다.

수출 측면에서는 어떨까? 과거 성공은 중국으로의 수출을 바탕으로 이루어졌는데, 2017년 사드 보복과 한한령으로 인해 더 이상 중국만 바라볼 수는 없게 되었다. 2018년 미·중 무역 분쟁 이후에는 중국 내 애국소비까지 확산되어 상황을 더욱 어렵게 했다. 이제는 중국 외 전세계가 성공을 이끌고 있고, 여기에서 또한 디지털 전환과 마케팅 트렌드의 변화가 새로운 글로벌 시장을 여는 돌파구가 되고 있다.

코로나 이후 전세계적으로 피부 관리에 대한 관심이 높아지면서, 소비자들은 화장품의 성분·기능·사용법을 면밀히 따져보기 시작했다. 그러나 대부분의 국가에서는 기초화장품을 단계별로 구분해 바르는 체계적인 문화가 자리 잡지 않고 있었다. 반면, 한국인은 섬세하고 체계적인 화장 문화를 바탕으로 기초화장품을 세분화해 사용하는 데 익숙하며, 이는 K-뷰티, 특히 기초화장품의 핵심 경쟁력으로 작용하고 있다.

예를 들어 미국에서는 남성 뿐 아니라 여성조차 화장품에 대한 기초 지식이 부족한 경우가 많았다. 그러나 이들이 SNS를 통해 한국인의 세분화된 화장법을 접하면서 K-뷰티에 대한 관심이 빠르게 확산되었다. 디지털 전환과 마케팅 트렌드 변화가 한국의 화장품을 널리 퍼뜨린 것이다.

한 번 화장품으로 피부 개선 효과를 체감한 소비자는 제품 사용을 지속하는 경향이 강하다. 이러한 경험은 K-뷰티의 글로벌 확산에 핵심적인 요인으로 작용하고 있다. 실제로 한국은 2016년만 해도 미국 내 화장품 수입국 중 5위였으나, 2024년에는 1위로 올라섰다. 구글에서 'korean skincare'에 대한 검색량이 급증한 것도 이러한 변화의 흐름을 뒷받침한다.

이러한 트렌드는 미국뿐 아니라 유럽과 아시아 전역으로 확대되고 있으며, 글로벌 수요의 지속적인 성장에 힘입어 한국의 중국향 화장품 수출 비중은 불과 2~3년 만에 60%에서 20% 수준으로 급감했다. 이는 단순한 시장 이동이 아닌, K-뷰티의 글로벌화가 본격화되고 있다는 방증이다.

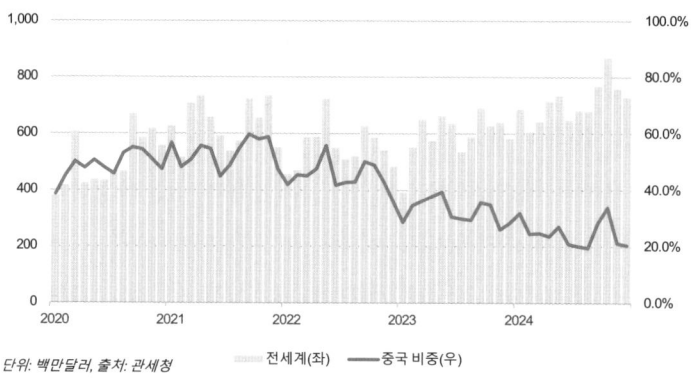

글로벌 화장품 수출액 및 중국 비중
단위: 백만달러, 출처: 관세청

온라인 및 H&B스토어로의 판매 채널 변화, 마케팅 트렌드 변화 모두 트렌드가 급변함을 의미한다. 당연히 대기업보다는 규모가 작은 인디브랜드가 트렌드를 따라가기에 더욱 유연하고, 실제 수혜도 이들이 보고 있다.

국내 인디브랜드의 선두주자로 불리는 코스알엑스의 경우 2022년초부터 틱톡 중심 마케팅을 전개했는데, 그러던 중 'Snail 96 Essence' 제품이 인기 틱톡커의 영상에서 바이럴을 타며 유명해졌다. 유명 인플루언서가 조회수가 잘 나오는 영상을 만들면 다른 인플루언서들도 따라하기 마련이기에 일반인들까지 마케팅 캠페인에 참여하게 되었고, 틱톡 내 코스알엑스 누적 조회수는 급증하여 20억회를 돌파했다. 성장세는 여전히 끊기지 않고 있다.

2022년 창업한 스타트업 새벽네시는 이러한 마케팅 트렌드 변화를 읽고, 광고대행사로서 화장품 인디브랜드의 든든한 파트너가

되어주고 있다. 이들은 인플루언서도 단계별로, 형태별로 나누어 접근하여 각각의 화장품에 맞는 마케팅 전략을 제공한다. 변화의 바람은 180도 전환되었고, 그 강도는 상상 이상으로 강하다.

그런데, 아무리 마케팅이 중요한 화장품이라고 하더라도, 결국 가성비 있는 제품을 내놓기 위해서는 뛰어난 생산 기술력이 필수다. 생산은 공장이 필요하고, 그러려면 기업의 규모가 일정 수준에는 도달해야 한다. 이 문제는 국내 ODM사(제품의 설계와 생산을 담당하는 제조업체)들이 해결해주고 있다.

1999년까지 국내에서 화장품을 판매하려면 제조 시설까지 갖추고 있어야 했다. 하지만 1999년 법이 개정되었고, 화장품 기업은 화장품 제조업자와 판매업자로 구분되었다. 이때부터 ODM사가 성장하게 된다. 브랜드사는 브랜드와 유통만 고민하고, 생산은 ODM사에게 맡기는 편이 나았기 때문이다. 대형2사도 일부 제품은 ODM사에게 생산을 맡겼고, 소규모 브랜드사는 창업부터 ODM사와 접촉했다. 신제품 런칭 기간은 2년에서 6개월로 짧아졌다.

ODM사는 벌어들인 돈을 연구개발에 사용했고, 이는 제조 기술력의 향상을 가져왔다. 글로벌 1위 ODM사는 한국에 있는데, 바로 코스맥스다. 모두 한번쯤 접했을 쇼츠가 있다. 흑인 여성이 자신에게 맞는 파운데이션이 없다며 한탄했는데 한국 브랜드가 흑인을 위한 파운데이션을 출시했고, 해당 여성이 너무나 만족했다는 내용이다. 해당 파운데이션은 국내 인디브랜드 티르티르의 제품이었고, 이들이 출시한 '마스크 핏 레드 쿠션'은 아마존 파운데이션 랭킹 1위에 오르기도 했다. 당연하게도 생산은 코스맥스가 해낸 것이었다.

과거 중국이 자체 화장품 생산 기술력 향상을 위해 한국의 화장품 연구원들을 고액의 연봉을 주고 데려갔다는 소문은 유명하다. 반도체와 마찬가지다. 화장품은 원료의 세밀한 배합에 따라 완전히 다른 제품이 제조되기에 기술력이 매우 중요하다. 국내 ODM사의 생산 기술력은 뛰어나고, 인디브랜드에게는 최적의 환경이 만들어졌다. 인디브랜드와 ODM사는, 현재 국내 화장품 산업 성장의 흐름에 올라타며 과실을 받아먹고 있다.

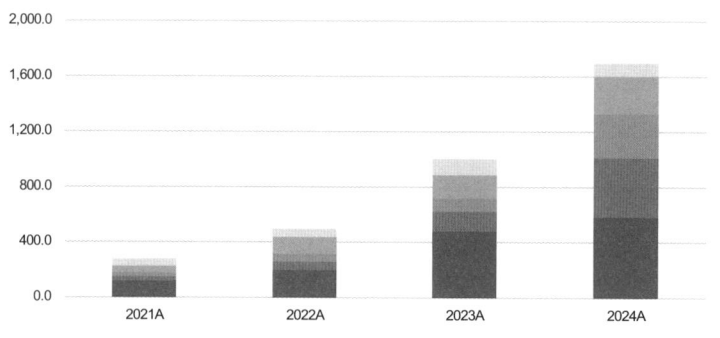

단위: 십억원, 출처: DART

PE의 화장품 브랜드사 투자

화장품의 밸류체인은 원료, 부자재(용기), ODM, 브랜드, 유통으로 나뉜다. 밸류체인마다 경쟁력도 다르고, 집중해야 하는 포인트도 다르다. 주식투자 관점에서 접근하는 많은 애널리스트나 투자자들의 합의점은, 작금의 변화로 가장 큰 수혜를 볼 분야는 ODM사이고, 브랜드사는 열심히 트래킹하며 트레이딩 관점에서 접근하는 편이 낫다는 것이다.

브랜드사는 성공만 한다면 다른 밸류체인과는 차별화되는 성장세를 보인다. 수출 성장에 기반한 폭발적인 성장세를 보이는 클리오나 아이패밀리에스씨, 브이티를 봐도 그렇고 밸류체인 별 시장 규모를 봐도 그렇다. 당연히 밸류체인 내 가장 전방에 위치한 브랜드의 시장 규모가 가장 크고 마진도 많이 남는다.

주식투자에서 브랜드사 장기투자를 추천하지 않는 이유는 경쟁이 너무 치열한 소비재이기에 성공을 확신할 수 없다는 점, 현재 산업 성장을 이끄는 많은 인디브랜드사가 비상장사라는 점, 매일 랭킹이나 소비자 반응을 트래킹해야 한다는 점 때문이다. 하지만 다른 관점에서 바라보면 PE 입장에서는 오히려 브랜드사에 기회가 많다고 생각한다.

일단 많은 인디브랜드사가 비상장사이고, 매출 규모 1천억 원 미만, 거래 규모도 1~2천억 원 수준인 경우가 많아 접근하기 부담스럽지 않다는 점이 PE에게는 큰 이점으로 작용한다. 아이디어만 가지고 있다면 창업이 수월하고, 엑싯을 목표로 하는 창업자가 많다는 점 또한 긍정적이다. 변화할 룸은 있으면서 가격은 저렴한 경우가 많다.

또한, 대기업의 인디브랜드사 M&A가 늘어나고 있다. 자사 브랜드만으로는 성장에 한계를 느껴 이를 브랜드사 M&A로 해결하려는 것이다. 실제로 K-뷰티 M&A 거래건수는 2018년 이후 최대치를 돌파했고, 앞서 예시로 든 코스알엑스도 아모레퍼시픽에 인수되었다. 엑싯할 때는 SI에게 매각하기도 상대적으로 수월한 듯하다.

사례 분석: 충성 고객을 잡아라

모건스탠리PE는 2024년초 화장품 브랜드사 스킨이데아 지분 67%를 1천억 원에 인수했다. 스킨이데아는 '메디필'과 '더마메종' 등 고기능성 스킨케어 브랜드를 보유한 화장품 브랜드사다. 이중 메디필은 '레드 락토 콜라겐 앰플', 일명 '손담비 앰플'로 잘 알려진 브랜드로, 해당 앰플은 출시한지 5년이 지난 지금도 판매량 상위권을 차지하고 있다.

더마메종은 미백과 펩타이드 관련 특허 기반의 프리미엄 브랜드로, 병원 납품용으로도 활용되는 고기능성 브랜드다. 한편, 메디필은 중저가 시장을, 더마메종은 고가 시장을 겨냥하며 양 브랜드는 각기 다른 시장을 차별적으로 공략 중이다.

스킨이데아는 한때 중국향 매출 비중이 70%를 넘길 만큼 중국 시장에서 강한 브랜드력을 보였고, '모델링팩'과 '골드 앰플' 등도 중국 내 히트 제품으로 자리 잡은 바 있다. 그러나 경쟁이 치열한 소비재인 만큼, 단순히 인디브랜드사가 현재 인기를 끌고 있다는 이유만으로 투자했을 리는 없다. 모건스탠리PE는 스킨이데아에서 어떤 기회를 포착한 것일까?

첫째는 저렴한 밸류에이션이다. 스킨이데아의 매출은 2019년 360억 원에서 2023년 740억 원, 연평균 19.6%로 성장했다. 또한 EBITDA는 동기간 연평균 22.7%로 성장했는데, 25% 이상의 마진을 안정적으로 유지해 브랜드사 내에서도 경쟁력을 보였다.

스킨이데아 요약손익					
	2019A	2020A	2021A	2022A	2023A
매출액	36.2	39.0	55.2	69.9	74.1
% yoy		7.8%	41.4%	26.7%	5.9%
영업이익	8.6	17.2	14.1	18.7	19.4
% opm	23.6%	44.2%	25.5%	26.7%	26.2%
당기순이익	6.0	11.9	11.2	14.3	16.5
% npm	16.6%	30.6%	20.4%	20.5%	22.2%
EBITDA	8.8	17.7	14.4	19.1	19.9
% margin	24.3%	45.3%	26.1%	27.4%	26.9%

단위: 십억원, 출처: DART

그러나 모건스탠리PE가 인수한 가격은 2023년 기준 PER 9.1배, EV/EBITDA 6.4배에 불과했다. 상장 브랜드사가 평가받는 멀티플(평균 15~20배)과 스킨이데아의 성장세를 고려했을 때 상대적으로도, 절대적으로도 저렴했다. 창업자는 2021년부터 3년 간 매각을 시도했는데, 창업자의 강한 엑싯 의지가 가격 인하를 불러왔다고 할 수 있다.

둘째는 신시장 진출이다. 앞서 언급했듯 스킨이데아는 과거 중국을 기반으로 성장해 중국향 매출이 전체 매출의 70% 이상을 차지한 때가 있었다. 그러나 이 비중이 30% 미만으로 하락했는데,

이는 스킨이데아가 다른 시장에서 돌파구를 찾았기 때문이었다.

먼저, 현재 화장품 산업 성장의 주역인 올리브영에 진출하여 진출 2년 만에 5배 이상의 매출 성장을 보이는 쾌거를 이루며 올리브영에서만 100억 원 이상의 매출을 기록했다. 또한, 다이소나 홈쇼핑과 같은 유통채널에서도 완판 행진을 이어나갔다.

해외로는 중국 외 시장으로의 진출을 꾀했다. 베트남에서는 에스테틱 샵을 운영했고, 러시아나 유럽의 총판업체와 계약을 맺기도 했다. 불과 3~4년 전 50개국 내외였던 수출 국가는 80개국 수준으로 증가했다. 더군다나 많은 국가가 진출 초기라는 점은 기대감을 더욱 증폭시켰다. 즉, 스킨이데아의 성장은 현재 화장품 산업 성공 공식과 직결되어 있었다.

셋째는 더마코스메틱 시장의 성장이다. 더마코스메틱은 Dermatology(피부 과학)과 Cosmetics(화장품)의 합성어로, 의약품 수준의 성분 혹은 기술을 접목하여 피부 질환 개선에 도움을 주는 화장품을 의미한다. 스킨이데아의 브랜드는 더마코스메틱 특화 브랜드로, 피부에 특화된 전문적인 화장품을 필요로 하는 소비자를 타겟하고 있다.

국내 더마코스메틱 시장은 연평균 두자릿수의 성장률로 전체 시장을 아웃퍼폼하며 빠르게 성장하고 있는데, 이는 K-뷰티 중에서도 특히 기초화장품이 큰 인기를 끄는 현상과 궤를 같이 한다. 앵커PE의 더마펌 딜(2020), JKL파트너스의 페렌벨 딜(2021), 아모레퍼시픽의 코스알엑스 딜(2023) 모두 더마코스메틱 시장의 성장이 주요 투자포인트가 되었을 것이다. 스킨이데아는 더마코스메틱

이 브랜드의 아이덴티티인, 시장의 주요 플레이어이다.

모건스탠리PE는 스킨이데아를 인수한 후에도 기존의 성공 공식을 그대로 따랐는데, 인수 직후 자사 브랜드를 아마존에 런칭하고, 틱톡샵을 통해 공격적인 마케팅을 이어갔다. 그 결과, 2024년 7월에는 메디필의 수출 전용 브랜드 'MDP'가 틱톡샵에 입점한 지 3개월 만에 스킨케어 카테고리에서 당일 매출 1위를 기록하며 전략의 효과를 입증했다.

실적 역시 가파르게 상승했다. 매출은 전년 대비 40% 이상, EBITDA는 50% 이상 성장했다. 2024년 실적과 인수가를 비교하면, PER은 5.9배, EV/EBITDA는 4.2배 수준이다. 아직 투자금 회수는 이루어지지 않았지만, 스킨이데아의 기존 부채는 전액 상환되었고 현금 보유액은 500억 원 이상으로 두배 가까이 늘어났다.

2024년 실적에 인수 당시와 동일한 EV/EBITDA를 적용하면, 스킨이데아의 지분 가치는 1년 만에 60% 이상 상승한 것으로 추산된다. 아직 엑싯까지 더 긴 기간이 남아있긴 하지만, 이미 절반 이상의 성공을 거둔 셈이다. 향후 얼마나 더 높은 성과를 낼 수 있을지 기대된다.

4장에서 바이아웃 딜에서의 기업가치 제고 전략을 설명하면서 이익의 질에 대해 언급했던 부분을 기억하는가? 일회성 이익은 지속가능성이 낮아 이익의 질이 낮다는 내용이었다. 이와 관련해 인디브랜드사는 구조적으로 디스카운트를 받을 수밖에 없다. 최근 마케팅 트렌드에서 소비자 선호는 빠르게 변화하고 있으며, 급성장하는 브랜드가 있다는 말은 곧 급락하는 브랜드도 있다는 뜻이기 때문이다. 낮은 밸류에이션은, 실적의 불안정성이 어느정도 반영된 결과일 것이다.

따라서 스킨이데아와 같이 충성 고객이 확보된 브랜드를 알아보는 것이 중요하다. 일시적 유행을 타는 제품보다 작더라도 꾸준한 수요를 기록하는 브랜드가 더 적합하다. 스킨이데아의 경우 더마코스메틱에 대한 지속적인 수요가 실적 안정성을 뒷받침해주었다. 반면, 실적이 한두 개 히트 상품에만 의존하는 브랜드사는 PE 입장에서 리스크가 크다.

또 하나 주의 깊게 살펴봐야 할 영역은 유통이다. 온라인과 H&B스토어의 부상으로 브랜드 진입장벽은 낮아졌지만, 유통은 여전히 브랜드사의 핵심 과제다. 특히, 수출을 통해 외형 성장을 노리는 인디브랜드사라면 더욱 그렇다. 이번 장에서 사례로 든 실리콘투가 주목받는 이유도 여기에 있다. 직접 유통할 필요는 없지만, 유통 파트너와의 긴밀한 협력은 필수다. 실제로 글랜우드PE는 이번 싸이클의 핵심인 CJ올리브영에 대한 그로쓰 투자를 통해 30% 이상의 IRR을 기록했다.

더 나아가 주목할 전략은 볼트온이다. 인디브랜드가 보유한 '스타 제품'에 대해 PE가 가진 유통망과 네트워크를 결합한다면 강력한 시너지를 낼 수 있다. 기존 포트폴리오 기업과의 볼트온, 혹은 PE의 자체 유통 네트워크 활용은 하나의 차별화 전략이 될 수 있다.

PE의 ODM사 투자

화장품 밸류체인 내 진입장벽이 가장 높은 분야는 단연코 ODM이다. 대규모 생산시설, 축적된 기술력, 오랜 기간에 걸친 신뢰 관계와 레퍼런스가 모두 필요하기 때문이다. 이러한 특성은 수치로도 확인된다. 브랜드사에 해당하는 책임판매업체 수는 급속도로 증가한 반면, ODM사에 해당하는 제조업체 수는 상대적으로 완만하게 증가했다.

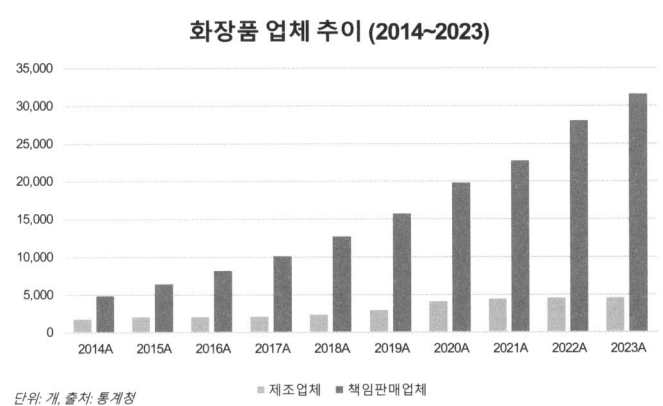

화장품 업체 추이 (2014~2023)
단위: 개, 출처: 통계청

그렇기에 화장품 산업의 변화가 ODM에 큰 수혜를 가져오는 것은 맞다. 고객사가 계속해서 늘어나는 형태이기 때문이다. 실제로 코스맥스는 최근 몇 년간 OBM(Original Brand Manufacturing) 모델을 전면에 내세우고 있다. OBM은 ODM사가 제품 개발, 생산은 물론 브랜딩까지 전담하는 방식으로, ODM사의 역할이 단순한 생산을 넘어 브랜드 전반으로 확장되고 있음을 보여준다. 이는

ODM사의 산업 내 위상이 더욱 강화되고 있다는 신호로 해석할 수 있다.

따라서 빅4(코스맥스, 한국콜마, 코스메카코리아, 씨앤씨인터내셔널) ODM사에 투자할 수 있다면, 이는 화장품 산업 성장의 가장 확실한 수혜를 누릴 수 있는 딜이 될 것이다. 그러나 현실적으로 이들 기업의 매물이 제한적이라는 점에서, PE가 ODM사에 투자하려면 결국 중소형사에 투자할 수밖에 없다. 결국 문제는 성장의 온기가 과연 중소형사까지 도달할 수 있는가이다.

우선, 고객사 수가 증가하더라도 ODM사는 결국 브랜드사의 판매 실적에 비례해 수혜를 받는 구조인데, 브랜드사에 비해 덜할 뿐이지 제조업체의 증가속도 역시 빠르다. 2014년 1,750개였던 제조업체 수는 2023년 기준 4,567개까지 늘어났다. 물론 이들 중 다수는 소규모 업체로, 생산능력이 동일하게 증가했다고 보기는 어렵지만, 그 증가 속도만큼은 무시할 수 없다.

심지어 일명 빅4 ODM사들은 성장 흐름에 올라타기 위해 공격적인 증설에 나서고 있다. 화장품이라는 제품 특성상, 브랜드사는 한 번 제품 제조를 성공적으로 맡긴 ODM사와의 거래를 지속하는 경향이 강하다. 이 때문에 업계에서는 레퍼런스가 절대적으로 중요한데, 이는 곧 중소형 ODM사가 대형사를 이기기 어려운 구조임을 의미한다. 생산시설이나 기술력, 고객 신뢰 측면에서 대형사 대비 열위에 있는 중소형 ODM사가 경쟁에서 우위를 점하기란 사실상 불가능에 가깝다.

그렇다면 가격 경쟁이 대안이 될 수 있으나, 이 또한 제한적이다. 같은 제품을 제조한다면 혁신적인 기술력이 있지 않고서야 GPM에서 큰 차이를 보이기는 힘든데, 빅4 ODM사의 GPM은 20% 내외에 머물러 있기 때문이다. 절대적으로 마진이 별로 남지 않는 사업이고, 가격을 더 낮춰서 경쟁하기는 힘들 것으로 보인다.

따라서 PE가 중소형 ODM사에 투자할 때는 기존 레퍼런스가 탄탄하여 기존 고객사로 안정적인 현금흐름을 창출할 수 있는지, 그리고 특정 제품라인에서 대형사에 비해 강력한 경쟁우위를 가지고 있어 신규 고객사 유치가 가능할 지를 체크해야 한다. 범용 제품군을 바탕으로 대형사의 고객사를 빼앗기는 쉽지 않기에, 특화된 역량을 바탕으로 틈새를 공략하는 전략이 효과적일 것이라 판단한다.

이러한 전략을 통해 높은 IRR을 기록할 것으로 보이는 딜은 어펄마캐피탈의 화성코스메틱 딜이다. 반면, 필자의 생각대로 중소형 ODM사의 한계를 넘지 못한 딜은, SKS PE와 워터브릿지파트너스의 비앤비코리아 딜(2015~2024), 헬리오스PE의 솔레오코스메틱 딜과 JKL파트너스의 지디케이화장품 딜(아직 보유 중이긴 하나, 실적 회복에 어려움을 겪고 있음)이다. 9장의 내용을 바탕으로 직접 차이점을 분석해보기를 추천한다.

맺음말

손해볼 것이 없다면
'무조건' 도전해야 한다

여기까지 미흡한 인사이트와 투박한 글솜씨를 감내하며 읽어주신 독자 여러분, 진심으로 감사드린다.

PE가 왜, 어디에, 어떻게 투자하는지에 대해 조금이나마 명확해졌다면, 이 책은 제 역할을 다한 것이다. 만약 그렇지 않다면, 감히 여러분의 소중한 시간을 허비하게 만든 필자를 기꺼이 질책해 주시길 바란다.

사실, 접근성이 낮은 PE라는 산업에 대해 책을 쓴다는 것 자체가 큰 고민거리였다. 어디선가 아는 것도 없이 글을 쓴다고 비판받을 수도 있다는 우려가 늘 있었기 때문이다. 그럼에도 불구하고 집필을 결심할 수 있었던 건, 손해볼 것이 없다면 '무조건' 도전해야 한다는 필자의 신념 덕분이다.

아직 이 책에 대한 반응이 어떨지는 모르지만, 집필 과정 자체만으로도 이미 BEP(손익분기점)는 훌쩍 넘었다고 생각한다. 2년 전 작성한 기업 보고서를 지금 보면 쥐구멍에라도 숨고 싶은 심정인 것을 떠올려 보면, 이 책 또한 2년 뒤에는 부끄럽게 느껴질지도 모르겠다. 하지만 꼭 그렇게 되길 바란다. 과거의 자신이 부끄럽다는 사실은 그만큼 성장했다는 증표 아니겠는가?

책을 집필하는 동안, 제 능력에 과분할 만큼 많은 분들로부터 큰 도움을 받았다.

무엇보다 커피챗 요청을 기꺼이 수락해 주신 모든 현직자분들께 깊이 감사드린다. 단 30분의 대화가 3시간의 리서치보다도 더 큰 통찰을 안겨주었다. 현장의 감각과 시선을 나눠 주신 덕분에 정말 많이 성장할 수 있었다.

분석과 리서치를 넘어 글쓰기의 방향까지 고민하게 해주신 낭만투자파트너스, 특히 장원준 파트너님, 그리고 아이젠PE 김준수 매니저님과 N파트너스 전종현 심사역님께 특별한 감사를 전한다. 조언을 넘어 사유의 단초를 던져 주신 그 대화들 덕분에 사고의 지평이 한층 넓어질 수 있었다.

또한, 학교생활과 회계사 시험 준비라는 바쁜 일정 속에서도 기꺼이 초고를 검토해 주며 날카로운 피드백을 아끼지 않은 경영학과 동기 홍대현 군, 기업금융업계에서의 성공을 위해 함께 노력하는 동기 장준용 형님, 미국에서 외로이 대학을 다니며 툭툭 조언을 건네주는 이덕행 군에게도 진심 어린 감사를 전한다.

마지막으로, 정치적 견해나 경제에 대한 관점에서 때때로 격론을 벌이기도 하지만, 언제나 새로운 시각과 깊은 인사이트를 전해 주시는 부모님께 가장 깊은 감사를 드린다.

부족한 점이 많은 책이지만, 이 모든 이들의 도움 덕분에 한 걸음 더 나아갈 수 있었다. 이 책이 독자들에게 유의미한 질문 하나라도 던질 수 있다면, 그것만으로도 충분하다.

Private Equity
사서, 키워서, 팔아라

초판 1쇄 발행   2025년 8월 5일

지은이   윤민서
펴낸곳   바른북스
디자인   서승연
주소   서울시 성동구 연무장5길 9-16, 301호 (성수동2가, 블루스톤타워)
전화번호 070-7857-9719
이메일   barunbooks21@naver.com

ISBN   979-11-7263-510-7

※ 책값은 뒤표지에 있습니다.
※ 사전 서면 동의 없이 이 책의 본문 일부 또는 전체를 무단으로 복제, 전재, 배포하는 것을 금합니다.